U0458466

贝克知识丛书

RÖMISCHE GESCHICHTE
Von den Anfängen bis zur Spätantike

# 罗马史
## 从开端到古典时代晚期

Klaus Bringmann

[德] 克劳斯·布林格曼 著

周锐 译

上海三联书店

克劳斯·布林格曼在本书中概述了罗马的历史，条分缕析、言之有序的行文令这部简史颇为引人入胜。布林格曼带领读者追溯罗马的滥觞肇迹，并由此而始，依次纵览了罗马早期的对外斗争，共和国的危机，帝国的形成及在政治、经济、社会和宗教方面的一系列问题，直至古典时代晚期罗马帝国的改革尝试。此外，他还述及了基督教的传播、民族大迁徙、西部帝国的分崩离析以及东部帝国的复兴之举。最后，罗马留给后世的遗产则构成了这部通俗易懂的简史的终章。

克劳斯·布林格曼，生于 1936 年，美因河畔法兰克福大学希腊罗马史退休教授。他曾在德国马尔堡大学讲授希腊语与拉丁语语文学，亦曾在达姆施塔特工业大学教授希腊罗马历史。布林格曼曾分别于1987年至1988年和1993年至1994年间前往美国普林斯顿高等研究院访学。同时他也是德国考古研究院成员。布林格曼的研究兴趣主要集中在罗马共和国和罗马帝国的历史、希腊化时代的历史、犹太人在希腊化和罗马时期的历史以及罗马帝国时代的基督教。

# 目　录

第一章

# 罗马与意大利

　　直到公元前 7 世纪末，而非后世所记载的公元前
753 年，分布于台伯河入海口附近山丘之上的数个村庄
才形成了城市。罗马的建立及成为意大利半岛主宰的历
程，与众多部族的迁移紧密相关，后者肇始于古意大利
人[1]进入亚平宁半岛，并一直持续到公元前 4 世纪。

---

　　[1]　古意大利人（Italiker）：约于公元前 1200 年至公元前
1000 年从北方越过阿尔卑斯山进入意大利半岛的印欧语系部族，
他们所使用的语言合称古意大利语族，大致可分为拉丁-法利斯
科语支（拉丁人、法利斯科人）与奥斯坎-翁布语支（奥斯坎人、
翁布人、萨姆尼人）。如今包括法语、西班牙语、葡萄牙语、意
大利语等语言在内的罗曼语族即由拉丁-法利斯科语支中的拉丁
语演化而来，是古意大利语族在今世的遗存。（本书脚注若非特

公元前 10 世纪初，多个印欧语系部族相继定居于意大利半岛的大部分地区。其中的拉丁–法利斯科人（Latino-Falisker）①可能属于那批较早到达意大利半岛的部族，他们在台伯河的河口地区定居。至于那些较晚进

---

别说明，均为译者所注。）

① 拉丁人与法利斯科人有着紧密的亲缘关系。拉丁人约于公元前 10 世纪初进入今天的意大利地区，后定居于台伯河下游沿岸平原。在古罗马的传说中，"拉丁人"这一族名源于拉提努斯（Latinus），他是最先定居于拉丁姆地区的原住民的国王。在维吉尔所著的《埃涅阿斯记》中，拉提努斯曾收留了埃涅阿斯率领的特洛伊人，并欲将其女拉维妮亚（Lavinia）许配给埃涅阿斯。后来埃涅阿斯与拉维妮亚成婚，由此拉提努斯便被认为是罗马人的始祖。尽管拉丁人很早就分裂成了各个部族，并建立了相对独立且时常彼此征战的城邦，但他们在文化和宗教上仍然保有紧密的联系。自公元前 600 年左右起，罗马逐步发展成了拉丁诸邦中最为强大的城邦，并于公元前 338 年统一了拉丁诸部。

法利斯科人居住在台伯河北岸靠近伊特鲁利亚人的一侧，定都法莱伊（Falerii）。这一部族不仅在文化上深受伊特鲁利亚人的影响，而且还与后者结成了联盟，并长期与罗马敌对。当公元前 396 年伊特鲁利亚人的维依城（Veji）被罗马攻灭之后，法莱伊亦遭攻占。公元前 358 年，塔尔奎尼亚城（Tarquinia，拉丁文：Tarquinii）反抗罗马，法利斯科人亦追随响应，但罗马仍于公元前 351 年左右取得了最终的胜利。第一次布匿战争时期，法利斯科人趁机宣布独立，但其反叛于公元前 241 年被罗马平息，法莱伊亦遭摧毁，罗马元老院将法利斯科遗民迁至旧城以西的平原地带，另筑防御力量相对薄弱的新法莱伊城（Falerii Novi）。

入亚平宁半岛并与拉丁-法利斯科人有着亲缘关系的众多部族，便落脚在了半岛的山区。这些部族后来逐步结成了数量众多的部落联盟，并可分为南北两部，即北方的翁布-萨贝利人（Umbro-Sabeller）与南方的奥斯坎人（Osker），后者亦包括萨姆尼人（Samnite）在内。此外，伊利里亚人①越过亚得里亚海也到达了意大利半岛，由此而来的还有深受伊利里亚人影响的其他部族。他们定居在北方因维尼蒂人②而得名的地区以及南方的普利亚平原地带。

在印欧语系部族到来之前，利古里亚人③便已在半

_____

① 伊利里亚人（Illyrer）：印欧语系部族，古典时代定居于巴尔干半岛西部和北部以及意大利半岛东南部，即亚得里亚海沿岸及其腹地。在希腊和罗马的史书中，巴尔干半岛上伊利里亚人所居之地也由此被称为"伊利里亚（Illyrien）"。

② 维尼蒂人（Veneter）：古代印欧语系部族，居住在今意大利东北部地区，如今的威尼托大区（Venetien）和文化名城威尼斯都因此部族而得名。维尼蒂人在公元前 5 世纪之后深受伊特鲁利亚人和凯尔特人文化的影响，后又逐步被日渐强盛的罗马人所同化。公元前 181 年，罗马人为了防备高卢人的入侵，在维尼蒂人的领地附近建立了阿奎莱亚城（Aquileia）。公元前 163 年，维尼蒂人的定居地被并入了山南高卢（Gallia Cisalpina）行省。公元前 49 年，维尼蒂人获得了罗马公民权。

③ 利古里亚人（Ligurer）：印欧语系部族到来之前的古代欧洲民族，居于阿尔卑斯山西部、莱茵河上游、今瑞士西部、罗

岛西北部定居，而伊特鲁利亚人<sup>①</sup>也可能已将今天的托斯卡纳地区作为他们活动的核心区域。至于希腊人则建立了塔兰托<sup>②</sup>和那不勒斯，而他们在意大利半岛上最早

---

讷河流域以及波河平原等地。自公元前 700 年开始，利古里亚人遭到凯尔特人的驱逐，仅保有相当于今意大利利古里亚大区的狭长地带，并最终被罗马人所征服。

① 伊特鲁利亚人（Etrusker）：古代欧洲民族，居于今意大利中部及偏北地区（相当于托斯卡纳、翁布里亚和拉丁姆大区），这一地区也由此被称为伊特鲁利亚（Etrurien）。这一民族的来源至今尚存争议，有观点认为他们迁自小亚细亚的吕底亚，也有人认为伊特鲁利亚文明是由意大利中部的石器时代文明——维兰诺瓦文化（Villanovakultur）——发展而来的。更有人提出，伊特鲁利亚人并非单一民族，而是民族融合的产物。伊特鲁利亚人拥有先进的文明，并与当时的希腊文化有着密切的交流。公元前 600 年左右，伊特鲁利亚人的势力达到顶峰，他们与盟友迦太基人一起掌控了地中海西部，并向南方的坎帕尼亚和北方的波河平原扩张。就在这一时期，包括维依和塔尔奎尼亚在内的 12 座伊特鲁利亚城市结成了所谓的"十二城同盟"。公元前 474 年，库迈海战的落败使得伊特鲁利亚人元气大伤，高卢人的入侵也进一步加剧了其衰落。伊特鲁利亚人位于南方的诸城逐步被罗马蚕食，而北方的各大城市亦与罗马缔约。到了公元前 90 年，伊特鲁利亚人获得了充分的罗马公民权，从而在形式上完成了并入罗马的融合进程。

② 塔兰托（Tarent）：意大利南部普利亚地区城市，今塔兰托省的省会。据记载，公元前 8 世纪末，有一群斯巴达人到达这一地区，并将原有的居民点改建成希腊式的城邦。公元前 272 年，塔兰托被罗马征服，在第二次布匿战争期间又落入汉尼拔之

的殖民地①便是位于坎帕尼亚的库迈（Kyme），此地亦是希腊人在意大利所能到达的最北前哨。与伊特鲁利亚人一样，希腊人以城市为单位建立起了甚为有效的政治组织形式。然而，当希腊人的势力范围仅仅局限在狭长的沿岸平原地带之时，伊特鲁利亚人的定居区域则颇为紧凑。尽管后者的城市彼此独立，甚至互相争斗，但是正是他们紧凑的定居区域为这一民族开疆拓土奠定了基础。除了进行海上掠夺和商业贸易之外，公元前7世纪至公元前6世纪，伊特鲁利亚贵族还率领他们的随从进军半岛南部和东北部，并在那里建立了大量城市，比如曼托瓦（Mantua），波河入海口的亚得里亚（Adria）和

手。到了公元前209年，塔兰托又被罗马重新征服。罗马帝制时代，尼禄皇帝曾令退伍老兵在塔兰托定居，从而使得该城的希腊风貌逐渐消失。549年，塔兰托被东哥特人占领。

① 爱琴海沿岸的希腊诸城曾在小亚细亚、地中海西部以及黑海地区建立了相当多的殖民地。与现代意义上的"殖民"有所不同的是，当时希腊人建立殖民地的首要目的并不在于对某个国家进行殖民征服，更多地是为了让母城的男性居民迁往新的独立的居民地定居生活。殖民地在政治上独立于母城，但通过贸易和宗教，两地之间仍然保持着紧密的关系，另外，殖民地和母城之间亦会发生战争。罗马在其对外扩张的早期为了控制新征服的土地，往往也会建立殖民地，但与现代的"殖民地"不同的是，这时的殖民地所指的并不是广大的领土疆域，而仅仅是单个的城市而已。

斯匹那（Spina），位于坎帕尼亚的卡普阿（Capua）、诺拉（Nola）、庞贝和赫库兰尼姆（Herculaneum），以及位于拉丁姆的帕莱尼斯特（Praeneste，今帕莱斯特里纳①）、塔斯克伦（Tusculum，蒂沃利）和罗马 [ 伊特拉斯坎语：鲁马（Ruma）]。

公元前 474 年，希腊人在库迈海战中大败伊特鲁利亚人，后者在坎帕尼亚和拉丁姆的统治由此土崩瓦解。在公元前 5 世纪将尽之时，凯尔特人通过阿尔卑斯山的西北部隘口侵入波河平原，伊特鲁利亚人在亚平宁山脉以北的殖民地亦随之丧失。但凯尔特人占领波河平原所带来的影响并未就此终止，他们一路劫掠征战，直抵意大利南部，罗马亦未能幸免。在阿里亚河②畔，罗马城所招募的军队遭到了凯尔特人的毁灭性打击，而这场惨

---

① 帕莱斯特里纳（Palestrina）：位于罗马以东 37 公里处，古时的帕莱尼斯特城曾是命运女神福尔图娜的圣域所在，地位极高。现今的帕莱斯特里纳老城便修筑在古代圣所巨大的台地遗址之上。

② 阿里亚河（Allia）：意大利台伯河的一条支流，阿里亚河之战的古战场。当时罗马人在阿里亚河沿岸部署了六个军团约四万人的兵力，而凯尔特人则攻破了主要由新兵所组成的罗马军队右翼，并由此击溃了罗马的中军和左翼。留守罗马的军民撤至卡比利欧山，并被高卢人围困了长达六个月之久，而罗马的其他城区均被洗劫一空。

败也使得公元前 390 年 7 月 18 日成为罗马历史上能够确定的最早日期。

与凯尔特人一样颇具威胁的还有居住在意大利中部和南部山地的各个部族。山区的人口过剩使得这些部族侵入平原地带，这样一来，当伊特鲁利亚人在坎帕尼亚的统治瓦解之后，成为赢家的便是奥斯坎人，而非希腊人。另外，受到来自山区的古意大利人部族冲击的还有拉丁姆地区，但居于此地的拉丁人最终抵挡住了入侵，这要归功于罗马城。因为正是这座台伯河畔的城市在与伊特鲁利亚人、古意大利人、拉丁人和凯尔特人的争斗交锋之中逐步取得了强势地位，并终结了烧杀抢夺、征战掠土的乱局。在公元前 474 年至公元前 264 年间，罗马共和国的政治体制和古意大利人的同盟体系逐渐形成，而后者也确保了罗马对半岛武力的支配之权。这一切都为罗马日后建立世界霸权奠定了基础。

## 从城市君主国到贵族共和国

罗马城肇建于伊特鲁利亚人的对外扩张时期，后者的君主制也成为该城的政治统治体制，国王便是这一信仰崇拜与军事防御共同体的首领，并在诸神面前代表全体民众，罗马城生活之维系、供养之保障以及战争之得胜也正是有赖于诸位神明的护佑，而这便是政治统治的宗教根基之所在。该统治体制结构分明，无不体现出人工创设的特征。全体民众被分为三族（tribus），每族再分为十保（curiae），各由骑士和"平民大众"（plebs）所组成，其中骑士阶层拥有较高的军事和社会地位。饲养马匹需要较为广阔的土地，而所招募士兵中的精锐骑兵便构成了国王的卫队以及他的顾问和助理委员会，即"元老院"（senatus）。这一人为创设的机构居于社会组织之上，而后者则由各大父权制的亲族、家族以及氏族（gentes）所构成。这一新式体制以统治为导向，意在充分利用兵源、实现有效领导。而此处的领导更是旨在确保整个共同体能够得到诸神的庇佑。

伊特鲁利亚人在库迈战败之后，塔尔奎尼亚人（Tarquinier）的王国就此终结，该王族显然源出于南方伊特鲁利亚人所定居的塔尔奎尼亚。至于这个王国留下的遗产，首先便是由贵族骑士阶层所组成的元老院这个集体。正是从这些所谓的贵族的行列中选定产生了任期一年的军队指挥官，他们的首长便是"最高统帅"（praetor maximus）或"军队统领"（magister populi）。这一体系确保了贵族对军中指挥之职的垄断，但随着作战方式的彻底革新，这样的体系也遭到了破坏。据称正是通过伊特鲁利亚人，罗马人学到了希腊人以封闭阵形徒步作战的方法，这样一来，全副武装的步兵便在与骑兵的对战中居于上风。于是，农民成了决定战争成败的兵种，但在军中，不管是主管军事的指挥还是负责宗教祭礼的领导之职，全由贵族骑士这一封闭排他的社会阶层所占据。

军中地位与政治体制之间的这一矛盾导致了所谓的社会阶层斗争。在这场斗争中，农民出身的步兵所取得的首个突破便是平民得以担任对于战争胜负而言至关重要的三个步兵千人团的指挥官，而这便是平民保民官<sup>①</sup>的来源。尽管如此，平民阶层却依然无权领导全军。为

---

① 平民保民官（Volkstribun，拉丁语：Tribunus Plebis），最初为 2 人，后来增至 4—5 人，到公元前 457 年，保民官开始由 10 人共同担任。平民保民官并不属于特权阶层，一般可任低级指挥官。保民官最初并非广受承认的官职，而仅是平民非正式的代表。他们的职责在于，替平民代言发声，帮助平民向执政官和元老院提出申诉，并反对官员滥用职权。保民官亦有权旁听元老院会议，并对不利于民众的法案加以否决。另外，多名保民官之间也可以互相否决。平民保民官的权力并非来源于法律，而是基于宗教上的禁忌，因为当时平民们通过"神圣约法（leges sacratae）"确保了平民保民官的人身神圣不可侵犯，任何损害保民官人身安全之人都将立即遭到平民的诛杀。

了实现他们地位平等的诉求，平民保民官便组织步兵队召开了平民大会①。在历经几番权宜后，阶层斗争终于在公元前 4 世纪中叶得到了解决：最高指挥权由两位执政官和一位裁判官分别执掌。而作为进一步分工的要旨所在，裁判官被委以调停法律争端的主要职责，因此与两位执政官不同的是，裁判官仅在特殊情况下才行使其事关军事与政事的最高指挥大权。在这些大权在握的官职的委任过程中，平民领袖越来越受到重视。自公元前 4 世纪末起，同样的情况也出现在了祭司团的增补之中，而这都是为了在官职等级的细化分工中兼顾贵族与平民这两大阶层的利益。

军中等级的变革与平民要求平等的斗争催生了两种新的人民大会形式。除却上文已经提及的平民大会之外，还出现了以兵种划分的百人团大会②。不论是最高指挥

---

① 平民大会 (Concilium Plebis) 是由罗马平民阶层参加的会议，贵族无权参会。只有平民保民官才有权召集平民大会。大会主要负责立法、审判与选举事宜。平民大会并不受制于元老院的提议，同时可以否决后者的决定。

② 百人团大会 (Heeresversammlung，拉丁语：Comitia Centuriata) 由贵族和平民组成，其中骑士和元老阶层组成第一等级，步兵则按照其财产与对军费的贡献而依次分为五个等级，在此之下则为手工业者、乐师等其他无须服兵役的人群。每个等级都仿效军队的组织形式进一步划分为若干个百人团，全国共有

官的任命，还是战与和的决断，均需大会表决议定。至于原先伊特鲁利亚王政时代的旧式大会，也保留了它的部分形式，该大会并无选举与表决之权，只是一个祭祀团体。最高指挥官需在获得该大会的授权之后，方可行使其宣示诸神旨意的宗教职权。

总体而言，随着政教合一的君主政体的废止，与祭祀和宗教相比，政事与军事本身便显得日趋重要了。各个职位进行了合理的分工细化，各个职务的任命亦兼顾平衡社会阶层与个人能力这两个要素，至于人民在参政议政之时，其个人选票的权重则由财产之区别与公民所属之地域而决定。法律很早就被视为确保国内安定的手段，在效仿希腊古风时期①法典编纂的基础上，罗马人

---

193个百人团，其中骑士阶层共计18个百人团，步兵的第一等级共有80个百人团。百人团大会每年都集会选举执政官和裁判官，每五年选举一次监察官。公民先在其所属的百人团中投票，由此产生每个百人团的投票意向。到了大会召开之时，各个百人团再投出自己的一票。由于社会等级较高的百人团成员较少，因此从个人选票所占权重这一角度看，这些百人团的成员（往往是骑士和元老）可以对投票结果产生更大的影响。百人团大会是按等级依次计票的，一旦骑士阶层和步兵的第一等级达成一致，他们的票数就直接占了半数，投票也便就此终止。

①　希腊的古风时期起自公元前750年左右，终于公元前500年左右，它前承黑暗时期，后启古典时期。大约在公元前

在公元前 5 世纪中叶前后将适用于罗马公民的法典（ius civile）铭刻在十二块铜表上。

推动这一维系国内安定的法律体系最终成文确立的，并非争夺大权高位的政治冲突，而是小农阶层饱受饥荒与债务之苦的社会问题。农场主与无地贫民——所谓的无产者——形成了鲜明的对比，而法律条文中对耕地界线、道路养护及使用权限的详尽规定也印证了乡间生活的困窘。对此，债务法也有明确反映。在借贷之时，债务人须以个人进行担保，即：如若债务人拒绝偿还，那么他将被处以刑拘；如若他无力还债，他要么将沦为奴仆，要么将被卖为奴隶发往台伯河彼岸的外邦。在生活异常困顿之时，身为一家之主的父亲会将任其支配的子女暂时变卖为奴。

资源的短缺与人口的相对膨胀，引发了侵犯财产的犯罪行为与暴力事端。入室行窃、偷盗财物、蓄意纵火、

---

700 年，荷马的《伊利亚特》和《奥德赛》先后形成了书面文本，而赫希俄德（Hesiod）的诗作也在这一时期诞生，并对希腊神话产生了重大影响。在古风时期，城邦逐渐成为希腊最主要的国家形式，而希腊的对外殖民也在这一时期达到了高潮。疏解人口、巩固商路、逃避城邦内部的争斗与动荡成了殖民的主要原因，黑海大部以及地中海的许多地方（比如意大利南部和西西里岛）都建立了众多的希腊殖民地。

以巫术窃取邻家田地的肥力为己所用，以及充斥暴力的自卫行为，都对这些同处于局促空间之中的居民的内部安定造成了威胁。发端于犯罪与自卫行为的危机随着罗马对外武力扩张、宣示存在而愈演愈烈。单是因无力还债而沦为奴仆的人口，就足以让这一社群的农民兵源告罄。面对这一挑战，《十二铜表法》做出回应，意图维护个人的人身与生存基础，并将自卫限定为面对直接威胁时方可做出的防卫行为。此外，《十二铜表法》还试图确定利率的最高上限，以缓解负债所造成的危机。尽管这一法律并未动摇允许个人复仇的原则，但是它规定复仇行为必须得到法官判决的授权。此外，对出现人身伤害与财产侵犯时处罚与罚款上限的规定，也有利于避免复仇行为的频繁发生。当时的罚金以家畜（羊和牛）与金属块为价值尺度进行计算，由此我们也得以一窥当时的经济状况。

为了确保法律的公平正义，对于主人诓骗仆从、法官歪曲法律、证人提供伪证的行为，《十二铜表法》亦规定将予以严惩。这一法典既不偏向权势阶层，也不给当权者以优待，同时它对贵族和平民也一视同仁。就此而言，《十二铜表法》确实践行了"法律面前人人平等"的原则。然而，要解决债台高筑这个普遍的社会问题，单靠规定利率的上限是不够的。最终根除这一问题的，并不是法律体系，而是公元前 4 世纪罗马在意大利半岛开始的扩张进程。正是土地分配与开拓殖民扩展了罗马公民的生存基础。在对拒绝还债或无力还债之人进行处罚这一问题上，《十二铜表法》坚持债权人对债务人拥有人身支配之权，但到了公元前 4 世纪末，随着以其创制者命名的《波提利乌斯法典》（*lex Poetelia Papiria*）①的颁布，债务人因无力还债而被迫为奴的惩罚最终得以废除。

这一法典的编纂已然处于罗马共和体制奠基成形的进程之中，而后者正是由贵族与平民这两大阶层渐成均势这一趋向所推动的。罗马共和体制最为重要的特征乃是以元老院会议为中心的新兴政治阶层的形成。随着平民成员的加入，元老院会议便丧失了原先封闭排他的阶层特性。而被接纳为元老院成员的，往往是出任官职的

---

① 该法典由盖乌斯·波提利乌斯·利波·维索卢斯（Gaius Poetelius Libo Visolus）颁布，他是罗马共和国早期的政治家，出身于颇有威望的平民之家，并于公元前 360 年首度出任执政官。就在一年之前，蒂布尔尔人（Tiburtiner）背叛了与罗马的同盟，转而投奔侵入拉丁姆的高卢人。波提利乌斯在任期之内成功地抗击了这两大敌人，并由此获得了元老院为他举行凯旋式的殊荣。之后，他又分别于公元前 346 年和公元前 326 年两度担任执政官，并在最后一任上颁布了《波提利乌斯法典》。

人士。由此，一个由贵族和平民共同组成的全新领导层便形成了，而这一补选过程也需经过两道筛选程序：首先，人民选举产生担任官职之人；其次，这些人士再由特命代理之人——所谓的监察官[①]——选为元老院成员。由此可见，元老院成员的增补是受到调控的，这样一来，得以被纳入元老院的人士便不仅仅是所谓的"新秀"（homines novi），还包括各个地区的名门望族，后者在罗马扩张的进程中归附了罗马的统治。早在公元前4世纪中叶，执政官的名单上便可见到拉丁裔、萨宾[②]裔、

---

① 监察官一职首设于公元前5世纪初，最为重要的职责是人口和财产普查，与这一职责紧密相关的便是监察官有权决定公民被分入哪一个投票阶层，以及是否可以进入骑士和元老阶层。另外，监察官还有权对社会道德进行监督，一旦发现公民有败坏社会公德之举，监察官就可以将之贬入地位较低的投票阶层。除此之外，国有土地的使用以及国库的收支也属于监察官的监管范围。监察官初设之时，并无固定的任职期限，后来才定为五年选举一次，且共有两人任职。公元前339年曾颁布法律，规定平民亦可出任监察官。

② 萨宾人（Sabiner）为翁布-萨贝利人的后裔，曾居住于亚平宁山脉的萨宾山区。自公元前5世纪起，萨宾人因控制重要盐道而成了罗马人的主要威胁。公元前290年，萨宾人最终归附罗马，并于公元前268年获得罗马公民权。根据古代传说，萨宾人曾是罗马七丘之一的奎里纳莱山的原住民。李维的《罗马史》记载道，罗马在公元前753年建城之初妇女数量不足，建城者罗

坎帕尼亚裔乃至伊特鲁利亚裔人士。

元老院在名义上是享有最高职权的诸位罗马高官[①]的顾问。但是由于元老院中新兴政治阶层的行家里手与名望之士群集，因此该机构所提出的建议便获得了权威性。通常来说，罗马高官极少会单独与元老院的多数为敌。诸位高官行使职能、发起倡议之权在原则上并无限制，唯有同僚的否决与元老院的政治意愿方可对之进行节制，而这一基本思想便构成了罗马政治体制的基础。

随着新兴贵族阶层——所谓的新贵——的形成，将平民排除在权力核心之外的诸多障碍也同时得以清除。贵族与平民高官一起分享了洞悉诸神旨意的权力。这样一

---

慕路斯在遣使往邻邦试图与之建立缔结正式婚姻资格的通婚权遭到失败之后，便决定劫掠别族妇女。他传话邀请邻邦前来罗马参加集会庆典，并在散会之时扣下异族的妇女。之后，罗马人和萨宾人爆发了战争，双方对战四次，被罗马人掠去的萨宾妇女因不愿看到自己的丈夫和兄弟自相残杀而挺身而出，劝说双方和解，罗马王罗慕路斯和萨宾王提图斯·塔提乌斯（Titus Tatius）采纳了这一建议，于是罗马人和萨宾人这两大部族合并，并接受罗慕路斯和塔提乌斯的共治。

① 罗马高官，这一概念指的是罗马共和国时期的一系列高级官员，主要包括执政官、裁判官、市政官、平民保民官、财务官、监察官以及特设的独裁官和骑士统领（magister equitum）等，其中平民保民官正是通过公元前287年的《平民表决法》才被列入罗马高官行列之中的。

来，主管军事与政事的最高职权所依赖的宗教基础便再也不为贵族阶层所独有了。此外，平民也得以进入祭司团的行列，而在阶层斗争中所创建的各个机构也与时俱进，以适应形势的新发展。至于在政治上意义最为重大的则是，保民官这一职位以及特设的平民大会不但得到了保留，而且其地位还在公元前 287 年一部新颁的法律——所谓的《霍尔腾西亚平民表决法》(lex Hortensia)[①]——中得到了显著的提升。根据这部法律的规定，由保民官主持的平民大会所作出的决议对全体民众都具有约束力。新贵们所达成的基本共识相当进步，他们认为，与其说这一规定可能会对罗马的政治体制造成威胁，倒不如说它有利于维护该体制的稳定。在这一共识存续期间，罗马的政治体制似乎也完美地经受住了考验。公元前 2 世纪的一位希腊旁观者、历史学家波利比乌斯[②]将这一

---

① 《霍尔腾西亚平民表决法》(lex Hortensia de plebiscitis) 得名于平民家庭出身的昆图斯·霍尔腾西亚 (Quintus Hortensius)。公元前 287 年，罗马平民再一次同时也是最后一次撤离罗马，占领了台伯河对岸的贾尼科洛山。由于情况紧急，昆图斯·霍尔腾西亚被任命为独裁官。为了平息民愤，霍尔腾西亚颁行了《平民表决法》。至此，平民与贵族间的社会阶层斗争最终结束。

② 波利比乌斯 (Polybios，约前 200—约前 118)：古典时代的希腊史学家，代表作《通史》(Historiai) 记载了罗马自第一次布匿战争起至迦太基和科林斯灭亡的这段历史 (前 264—前

体制定义为君主制（罗马高官）、贵族制（元老院）与民主制（人民大会）元素的混合体，他认为这一混合体制促进了政治的稳定，并为罗马迈向伟大提供了保证。

## 城邦之国与开疆辟土

罗马在公元前 3 世纪至公元前 2 世纪崛起为世界强国，这与其说是拜政治体制所赐，倒不如说是取得意大利半岛统治之权的结果。虽说该统辖疆域的取得并非事先深谋远虑的运筹规划所致，但这一霸权最终确立后所展现出的诸般形式，却也不乏妙手独具之渊图远算的功劳。

罗马在意大利半岛的统治肇始于公元前 474 年后伊特鲁利亚人在拉丁姆和坎帕尼亚之霸权的瓦解。正如位于沿海平原地带的罗马诸邻邦一样，当时罗马也面临着来自山区的古意大利人的侵袭，除此之外，还受到了台伯河北岸伊特鲁利亚诸城邦的威胁。但罗马和拉丁诸社群最终共同抵挡住了古意大利人部族的入侵。当时，所

---

146），全书共计四十卷，其中存世的仅有前五卷以及剩余各卷的个别段落。

谓的拉丁同盟的各成员在卡沃山①上的同盟神殿中一起祭祀为拉丁人所共同尊奉的朱庇特神（Iupiter Latiaris）②，而这一仪式也为各成员在军事合作中的协调沟通以及在私法上实现平等提供了平台。至于来自伊特鲁利亚人的威胁，罗马则是依靠自身的力量成功化解。随着公元前396 年维依城的毁灭，罗马的领土扩大了将近一倍（从800 平方公里扩大到约 1500 平方公里）。到了公元前 4世纪中叶前后，罗马人和拉丁人一起控制了北起伊特鲁利亚南部、南至坎帕尼亚的宽阔地带。由此，罗马和拉丁同盟便成了萨姆尼人的邻邦，而后者正侵入意大利半岛南部的沿海平原。公元前 343 年，罗马人和拉丁人在

---

① 卡沃山（Monte Cavo）：意大利中部阿尔巴诺湖畔的一座死火山，海拔 950 米，曾被拉丁人奉为圣山，建有朱庇特神庙。作者在原文中称其为科尔沃山（Monte Corvo），似为笔误。

② 许多古典时代的神祇都有着多种多样的别名。这些别名或是旨在凸显神祇某一方面的天赋神力，或是为了指明与某些地方的紧密关系。比如，"Iupiter Latiaris" 指的便是为拉丁人所尊奉并护佑拉丁诸族的朱庇特神；当朱庇特作为国家的庇护神时，他被称为"至善至尊的朱庇特（Iupiter Optimus Maximus）"；而与朱诺、密涅瓦一起被供奉于卡比托利欧山神庙之内的朱庇特则被称为"卡比托利欧的朱庇特（Iupiter Capitolinus）"。到了帝制时代，朱庇特又与希腊的宙斯相融合，从而获得了"雷神朱庇特（Iupiter Tonans）"的别名；而在久旱祈雨之时，人们又将这位神明奉为"雨神朱庇特（Iupiter Pluvius）"。

接到遭受威胁的卡普阿的求救之后发兵救援，并将势力范围推进至坎帕尼亚北部。

公元前 4 世纪期间，跃升为强国的罗马与众多拉丁小邦之间的实力对比日益悬殊，而这在拉丁同盟与萨姆尼人缔结和约之后便直接引发了一场战争（前 340—前 338）。最终获胜的罗马解散了拉丁同盟，大多数拉丁社群均被并入罗马的国家联盟之中。保有独立地位的仅有各个拉丁人的殖民地以及拉丁姆少数忠于罗马的城市（蒂布尔①与帕莱尼斯特）。至于归附拉丁人的卡普阿和古意大利人诸部，要么丧失了一部分领土，要么失去了军权。罗马则由此成倍地扩充自己的军力，而且还将领土从 1500 平方公里扩大到了约 6100 平方公里。

这样一来，罗马成了萨姆尼人的真正敌手，而所有因萨姆尼人的扩张而遭到威胁的城市与部落，便转而向意大利中部这一新兴的霸主求助：公元前 326 年，在希腊人的那不勒斯发出求救之后，萨姆尼战争开始了。战争断断续续，一直持续到公元前 272 年，并曾一度蔓延到意大利全境。在这些大战之中，罗马在当时已经取得

---

① 蒂布尔（Tibur）：今意大利蒂沃利（Tivoli），位于罗马以东 32 公里处。在罗马帝制时代，哈德良皇帝曾在蒂沃利建造别墅，其遗址现被联合国教科文组织列入世界文化遗产名录。

的一切都岌岌可危。在战争的最后阶段，希腊化世界的君主伊庇鲁斯（大致相当于今阿尔巴尼亚）的皮洛士①也卷入其中。古意大利人历史的终结同时也意味着罗马人的历史进入了地中海时代。

尽管罗马屡次化险为夷并成为最终的赢家，但这并不只是因为原本实力占优的对手之间缺乏协调，也不只是因为罗马人适应了萨姆尼人灵活多变的作战方式，并由此化解了后者在战争初期所拥有的战略与军事优势。与此相比，罗马自身所形成的一套优越的政治与战略理念，恰恰是组织松散的萨姆尼人所无法企及的，而这才是战争得胜更为重要也更能昭示未来的因素。

这套理念的要旨在于，和遭到萨姆尼人威胁的各个城邦与部族结成联盟，并在战略要地建立起设防的殖民地，从而来控扼和打压萨姆尼人，并以此取得对整个意大利南部的掌控。在这一时期所建立的 20 个殖民地，大多数都位于拉丁姆和坎帕尼亚的沿海平原地带，而在

① 伊庇鲁斯的皮洛士（Pyrrhos von Epirus，前 319—前 272）：又称皮洛士一世，希腊伊庇鲁斯地区的国王，该地区大致位于巴尔干半岛的西南部。皮洛士是继业者战争之后希腊化时代早期享有盛名的军事家。公元前 280 年，皮洛士率军侵入意大利，险胜罗马军队，他的胜利被后世称为"皮洛士式的胜利"。

阿普利亚①沿海平原的西端则建立了卢切利亚②（前314）和维努西亚③（前291）这两个殖民地。至于罗马最终完成对萨姆尼人地区的掌控，则要到贝内文图姆④（前268）与埃塞尔尼亚⑤（前263）这两个殖民地建立之后。萨姆尼人的部落联盟遭到了解散，其诸部也各自成为罗马的盟友，承诺效忠于罗马并为之作战。

---

① 阿普利亚（Apulien）：意大利半岛东南沿岸地区，公元前750年至前550年间，希腊人曾在这一地区建立了塔拉斯（Taras，今塔兰托）、加里波利斯（Kallipolis，今加里波利）等殖民地。

② 卢切利亚（Luceria）：今卢切拉（Lucera）。这座城市的创建者据传是《伊利亚特》中的希腊英雄狄俄墨德斯，但卢切利亚真正见诸史籍则要到公元前326年，当时这座城市正是罗马在第二次萨姆尼战争中的盟友，在成为拉丁殖民地之前也曾两度被萨姆尼人所攻占。

③ 维努西亚（Venusia）：今韦诺萨（Venosa）。公元前209/208年，资深执政官马库斯·克劳狄乌斯·马可卢斯（Marcus Claudius Marcellus）的罗马军队曾在此被汉尼拔击败。另外，维努西亚也是罗马著名诗人贺拉斯的故乡。

④ 贝内文图姆（Beneventum）：今贝内文托（Benevento），意大利坎帕尼亚地区城市，相传亦为狄俄墨德斯所建。公元前275年，皮洛士一世曾在此地与罗马人第三次交锋。如今贝内文托仍存有建于114年的图拉真凯旋门，单拱门道的形制与罗马的提图斯凯旋门颇为相似。作为贝内文托的城门之一，图拉真凯旋门又被称为"金门"。

⑤ 埃塞尔尼亚（Aesernia）：今伊塞尔尼亚（Isernia），意大利中部莫利塞地区城市。

萨姆尼战争结束后，罗马的领土由 6100 平方公里增加到约 24 000 平方公里，南起坎帕尼亚，纵贯拉丁姆，北达伊特鲁利亚南部，并通过意大利中部地区的一条走廊直抵亚得里亚海沿岸，在这如今的边境地区，凯尔特人遭到了驱逐，而他们的土地——所谓的高卢之地（ager Gallicus）[①]——则被并入了罗马的版图。以古典时代的标准观之，罗马社群直接统辖之地可谓幅员辽阔，而与之并存的则是罗马统领的联邦之地，后者往往包括众多并非同族的城市与部落联盟，它们并非盟友，只是各自与罗马结成了永久性的联盟关系。所有联邦成员的土地加在一起约有 130 000 平方公里，远超罗马城直接掌控的领土。罗马公民与罗马盟邦所统辖的土地囊括了亚平宁山脉以南的整个意大利半岛。

罗马公民所属之地与所谓的罗马盟邦体系均不具有统一的架构。是的，罗马对意大利的统治建立在所谓的存异原则之上，而该原则可以用"分而治之"（divide et impera）这一其实并非源出于罗马的说法加以准确概括。存异原则的基石乃是城邦、部族以及联盟条约。此原则

---

[①] 公元前 5 世纪，凯尔特人塞农部族（Senonen）中的一支越过阿尔卑斯山，开始在波河平原定居。他们曾多次战胜伊特鲁利亚人，亦曾与罗马为敌。公元前 283 年，罗马征服了塞农人。

并非罗马创造之产物，而是后者顺应形势之举措。至于罗马人真正的原创之处则在于：他们将以城邦为组织单位的各个社群纳入了罗马公民所属之地中，并与之签订灵活务实的联盟条约，从而为避免意大利本土内战、终止民族迁移并将意大利所有的军力置于统治社群的领导之下创造了可能。

罗马的国家联盟由罗马公民与臣民组成。通过兼并异族领地，罗马的公民扩大了自己的定居范围。起初，罗马在攻占敌方城市之后往往将原住民赶尽杀绝（比如在攻克维依与费德内①时），并将自己的公民迁到这些城市。随着对外扩张的继续，罗马人采取了另一种不太极端的方式。异族的城邦与部族在战败之后须将部分领土让与罗马。比如在公元前 4 世纪，罗马人就在福尔斯克人②建于拉丁姆沿岸的各个海滨城市设立了自己的殖民

---

① 费德内 (Fidenae)：罗马以北的古地名，曾为拉丁人城市，并在罗马共和国早期长年与罗马为敌。费德内位于台伯河左岸的桥头地带，乃是维依城的重要前哨。公元前 426 年，费德内被罗马征服，到了前 387 年，费德内趁凯尔特人攻占罗马之机，试图起义反抗，但最终被罗马攻灭。

② 福尔斯克人 (Volsker)：古意大利人奥斯坎–翁布族的一支，原籍伊特鲁利亚的沃尔西尼 (Volsinii)，后迁至拉丁姆。自公元前 6 世纪起，福尔斯克人就与罗马多有战事，直到公元前 338 年至前 329 年间，罗马人才最终征服了福尔斯克人，并给予

地，安提乌姆[1]和特拉西那[2]便在此列。而在福尔斯克人割让给罗马的土地上，罗马人于公元前358年设置了旁普提那（Pomptina）与波比利里亚（Poblilia）这两个新的公民部落区。

罗马在攻占拉丁同盟的城市后便将之纳入自己的版图，于是罗马公民所属的土地以及罗马公民的人口数量在公元前338年都有了成倍的增长。在此过程中，原有的城市均得以保留，而各城的公民除了原有的身份之外还获得了身为罗马族群的公民权利。通过此项规定，罗马人找到了在城市族群的基础上建立领邦[3]的途径。而

---

后者盟邦的地位。

[1]　安提乌姆（Antium）：今安济奥（Anzio），位于罗马以南58公里的第勒尼安海之滨。安提乌姆曾为福尔斯克人的都城，公元前468年被罗马人攻占。在公元前338年安提乌姆最后一次起义失败之后，这座城市被夷为平地。到了罗马共和国末期，安提乌姆因临近国都而成了罗马贵族的疗养胜地，许多著名历史人物都在这里建有别墅，比如奥古斯都的密友梅塞纳斯和尼禄皇帝等。

[2]　特拉西那（Terracina）：意大利中部第勒尼安海之滨的港口城市，前身为福尔斯克人所建的安克苏尔城（Anxur）。在罗马人战胜当地的福尔斯克人之后，便于公元前329年在原址设立了名为特拉西那的殖民地。随着这座城市被纳入拉丁同盟，特拉西那的居民也获得了罗马公民权。

[3]　领邦这一国家组织形式以具有明确疆界的领土作为统

前提则是作为共同语的拉丁语、古已有之的共同的婚姻法律、贸易往来（commercium et conubium）以及共同的信仰崇拜。

然而，只要罗马将非拉丁人的城市纳入国家联盟之中，要想实现完全的融合就缺乏必要的前提。比如伊特鲁利亚人和福尔斯克人鲜有获得在罗马人民大会上的投票之权以及平等的民事权利。他们依旧维持自己独立的族群，但却丧失了军权，至于他们的军队则由罗马统一征召组织。尤其是分布于罗马周边的古意大利人与伊特鲁利亚人族群，他们构成了罗马版图中的臣属联盟，比如盖勒①、阿尔皮努姆②、安提乌姆以及特拉西那均在

治基础，与此相对的概念则是所谓的"主仆之邦"，它的统治基于领主和臣仆之间的人身附庸关系。

　① 盖勒（Caere）：古代伊特鲁利亚人的城市，位于今意大利拉丁姆地区的切尔维泰里（Cerveteri）。这座古城坐落于距海海岸七公里处的一座山丘之上。公元前 6 世纪伊始，盖勒城因铁矿而日渐繁荣，并借助海运之便一跃成为一座商埠。公元前 509 年，罗马王政时代的末代国王卢基乌斯·塔奎尼乌斯·苏培布斯（Lucius Tarquinius Superbus，又译"塔克文"）在遭罗马民众驱逐之后流亡盖勒。公元前 387 年，盖勒派兵袭击了洗劫罗马后回师北返的凯尔特人。此外，盖勒城还接纳了来自罗马的难民，其中便包括维斯塔神庙的女祭司。另外，维斯塔女神的永恒之火也因暂避盖勒而得以幸存。大约在公元前 273 年，盖勒城归附罗马统治。

　② 阿尔皮努姆（Arpinum）：今意大利中部拉丁姆地区的

26

此列。

在罗马国家联盟的成员中，各个拉丁殖民地备受优待。较老的殖民地由拉丁同盟共同建立，公元前 338 年以后的殖民地则由罗马所设。各大殖民地均建于被兼并领土之上的战略要地。到了公元前 263 年，殖民地的数量已升至 30 个左右。每个拉丁殖民地都是一个独立的国家，而其公民亦享有与罗马人同等的民事权利。是的，倘若殖民地居民迁移至罗马城，那么他们原有的身为罗马人的公民权依然有效。所有殖民地均位于原属敌方的异邦，并建有设防的城市中心。殖民地享有自己的军权，因而具有防御的能力，尽管如此它们仍然需要依靠母城的支持。殖民地与母城订有协议，并因此负有向后者效忠和为之作战的义务。正如西塞罗所述，各个拉丁殖民地实乃罗马人在意大利统治的坚强堡垒。

罗马的国家联盟体系既不要求盟邦上税，也不干涉各社群的内政。通过这种方式，罗马避免了重蹈雅典的

---

阿尔皮诺（Arpino），位于罗马以东 113 公里处。史载阿尔皮努姆自公元前 7 世纪起便是福尔斯克人的居住地，后在公元前 4 世纪为萨姆尼人所据。公元前 305 年，阿尔皮努姆归附罗马共和国，其居民起先并不享有完整的罗马公民权，但到了公元前 188 年，阿尔皮努姆的居民被授予全部的公民权。此外，该城亦是罗马著名政治家、演说家西塞罗的故乡。

覆辙，后者在公元前 5 世纪建立首个海洋联盟时曾采取过与上文所述截然相反的统治手段。此外，罗马亦极少依赖纳贡，因为与雅典不同的是，罗马并不需要维持一支海军舰队。至于花费甚巨的雇佣军更非罗马之所需，而与此相比，地中海世界的其他强国对此却甚为依赖。在萨姆尼战争期间，罗马完全不具备维持雇佣军的基本条件，因为当时罗马从未铸造过硬币，仅满足于发行按重计量、规格统一的铜锭。罗马军队的基本组织原则简单明了，规定所有可服兵役之人——所有在经济上有能力参军之人——须自己武装自己。在公元前 3 世纪的地中海世界，没有一个强国拥有像罗马这样数量庞大的兵源。尽管希腊雇佣军由于职业化和专门化而在质量上更胜一筹，但是罗马的大军却更为强大，从而确保了最终的胜利。

当公元前 225 年罗马在日益逼近的凯尔特人战争的前夜下令全面动员之时，全国共计约有 77 万可服兵役之人。数量如此庞大的兵源由 273 000 个罗马人、85 000 个拉丁人与 412 000 个盟邦人组成。

# 第二章
## 罗马与地中海世界

公元前 4 世纪中叶前后，罗马已在拉丁姆地区拥有了广阔的海岸线。在萨姆尼战争期间，罗马又成功地将意大利南部纳入了由它主导的联盟体系之中。前一项成就引发了罗马与迦太基的接触，而后一项成就则开启了罗马与伊庇鲁斯的皮洛士王之间的战端，后者在公元前 3 世纪前期曾意图凭借看似有利的时局将他的帝国扩张至意大利南部与西西里岛。于是，在罗马跃升为地中海世界霸主的这段历史中，迦太基与希腊化诸邦便成了它的两大敌手。因此，也同样有必要对迦太基和希腊化世界进行一番简述。

迦太基原为腓尼基①城邦泰尔（Tyros）的一处殖民地，建于公元前 800 年左右。公元前 6 世纪，迦太基成为一个大帝国，它不仅控制了腓尼基诸城、北非各个商埠、西西里岛西部以及位于撒丁岛、科西嘉岛和西班牙的据点，而且还掌握了各个海峡以及巴利阿里群岛②的要冲之地，而迦太基城正是这个帝国的中心。迦太基人以海盗、商贸与殖民为生，以清除为之所不容的竞争活动为己任。他们通过订立条约以达此目的，但在不得已

----

　　① 腓尼基人属古典时代闪米特人一族，居住于今黎巴嫩和叙利亚的地中海沿岸。腓尼基人曾建立过众多的城邦国家，其中的泰尔（Tyros）和迦太基曾在公元前 1000 年至前 146 年间先后称雄，统领腓尼基诸邦。公元前 8 世纪，腓尼基人被新亚述帝国（前 911—前 605）所征服，仅有泰尔城得以幸免。自公元前 586 年起，腓尼基人归附新巴比伦帝国（前 626—前 539），唯有泰尔于公元前 585 年至前 573 年间固守围城长达 13 年之久。到了约公元前 520 年，腓尼基诸城臣服于阿契美尼德王朝的第一波斯帝国（前 550—前 330）。公元前 332 年，泰尔城被亚历山大大帝所灭；公元前 146 年，迦太基亦被罗马征服。

　　② 巴利阿里群岛位于地中海西部，靠近西班牙。古典时代的巴利阿里群岛最初为腓尼基人所据。后来岛上居民的海盗活动令罗马不胜其扰，于是罗马便于公元前 123 年攻占了巴利阿里群岛，并将已经罗马化的西班牙人迁至岛上。到了罗马帝国晚期，汪达尔人于 425 年占领了巴利阿里群岛。在汪达尔王国灭亡之后，该群岛曾一度重归东罗马帝国统辖。

时亦会诉诸武力。迦太基人的死敌主要是希腊人，而他们之间的对抗也决定了公元前 3 世纪之前西西里岛的历史走向。

希腊的福西亚人①曾试图在科西嘉岛上定居，但这一图谋在公元前 540 年被迦太基人和伊特鲁利亚人合力挫败。斯巴达王子多里阿斯②曾欲侵占迦太基位于北非和西西里岛的势力范围并进行殖民，但在公元前 6 世纪末，迦太基又同样让多里阿斯的计划成为泡影。与此相比，迦太基人倒是通过签约的方式与地中海沿岸诸城的

---

① 福西亚人（Phokäer）：希腊人曾在小亚细亚建立过一座名为福西亚的城邦，今为土耳其的福卡（Foça）。早在希腊古风时期，福西亚人便横渡地中海，试图在地中海西部建立殖民地，比如今天的马赛就曾是福西亚人的殖民地。公元前 545 年，福西亚被波斯人围困，当时城内居民曾匆忙逃亡海外殖民地避难。后来福西亚曾加入安条克三世的阵营而与罗马为敌，最后被罗马征服。

② 多里阿斯（Dorieus）：斯巴达国王阿纳克桑德里达斯二世（Anaxandridas II）次子。尽管他干练聪慧，但未能继承父亲的王位。多里阿斯不愿接受兄长的统治，于是便带着一批随从离开故土，并曾在利比亚短暂停留。后来他试图在西西里岛建立殖民地，因为有预言称他将征服这块土地。多里阿斯在西西里建立了以赫拉克勒斯命名的赫拉克莱亚城（Herakleia），因为在神话传说中，赫拉克勒斯正是在西西里杀死了厄律克斯（Eryx），并取得后者在那里的土地。面对不断壮大的赫拉克莱亚城，迦太基人率军进击，最后多里阿斯和他的大部分军士在战争中丧生。

伊特鲁利亚人达成妥协，而后者也同迦太基人一样是令人生畏的海盗。

罗马与迦太基也曾订有条约，其中有两份条约的原文被希腊历史学家波利比乌斯所收录。第一份条约规定罗马及其盟邦不得驶入卡本半岛（Kap Bon，位于今突尼斯）以南的海域，同时也禁止迦太基染指已臣服于罗马的拉丁姆沿海诸城。对于尚未向罗马称臣的城市，双方只是约定迦太基海盗不应在这些城市定居。第二份条约严禁罗马人在西班牙沿岸、撒丁岛以及北非进行海盗和殖民活动，但条约相反却允许迦太基任意进攻尚未归附罗马的拉丁姆诸城。同时条约规定，如果迦太基征服了这些城市，那么可移动的战利品应归迦太基人所有，而罗马则可接收被攻占的城市。由此可见，第一份条约似乎是在罗马获得对海岸线控制权的前提下签订的，而第二份条约则当是在罗马暂时失势之时缔结的，这最有可能是在拉丁人内战期间（前340—前338）。因为公元前4世纪中叶应该正是罗马打算殖民撒丁岛和科西嘉岛的时期，但罗马却放弃了在迦太基的势力范围之内从事海盗与殖民活动，以此作为交换，迦太基人便许诺将所占领的拉丁姆城市交给罗马。如果一切属实的话，那么隐含在这份条约之中的便不仅仅只有利益的划分，还包括了利益分配的前提条件，即有限的合作。

当皮洛士王企图在意大利南部和西西里岛建立帝国时，罗马和迦太基亦选择了合力抗敌。而这也只不过是伊庇鲁斯国故技重施而已，因为早在亚历山大大帝的舅父亚历山大一世①担任伊庇鲁斯国王之时，他便曾谋求实现这一计划（前334—前331），而其外甥亦知晓此事并表示赞同。公元前304年，西西里岛叙拉古②的雇佣

---

① 伊庇鲁斯的亚历山大一世（约前370—前331，约前350—前331在位）：公元前360年，摩罗西亚国王奈奥普托勒姆斯（Neoptolemos）逝世，其子亚历山大因年龄尚小而无法继位，于是他的叔父阿吕巴斯（Arybbas）登上王位。阿吕巴斯为了拉拢马其顿国王腓力二世，于是便将他的侄女嫁给了腓力，而他们的儿子就是后来的亚历山大大帝。腓力二世在独霸希腊之后挥师摩罗西亚，让亚历山大取代阿吕巴斯登上王位。亚历山大一世在位时征服了伊庇鲁斯的其他部族，并一度增强了希腊在意大利南部的实力。

② 叙拉古（Syrakus）：位于西西里岛东南角，这座城市在古典时代曾是西西里最为强盛的城市。公元前734年，来自科林斯的希腊人始建叙拉古城。在之后的数百年中，叙拉古成功地抵御了外敌的入侵，并不断地强化自己的霸权，此外叙拉古在经济和文化上也拥有举足轻重的地位，包括埃斯库罗斯、品达在内的文学巨匠都曾汇集于叙拉古的宫廷，柏拉图曾在这里讲授哲学，而阿基米德也曾为这座城市研制攻防器械。到了公元前212年，叙拉古在历经三年围城之后最终被罗马军队攻克，而阿基米德亦丧命于战争之中。435年，汪达尔人进占叙拉古。到了535年，

军司令阿加托克利斯<sup>①</sup>效仿亚历山大大帝的诸位后继者加冕称王，并迎娶了统治埃及的托勒密一世<sup>②</sup>之女。意大利南部也遭到了希腊人的威胁，多位希腊君主借古意大利人之手插手当地事务。塔兰托曾先后依靠斯巴达王子克利奥尼穆斯<sup>③</sup>与西西里王阿加托克利斯，以图与其

---

东罗马帝国收复失地。

① 阿加托克利斯（Agathokles，前 361/ 前 360—前 289）：从政初期以拥护民主派而获得民众支持，进而于公元前 316 年被选为军队统帅，并由此成为叙拉古事实上的独裁者。后来阿加托克利斯与迦太基人开始了连年的战争，并控制了西西里岛的希腊部分以及意大利半岛南部卡拉布里亚的局部地区。前 304 年，阿加托克利斯在与迦太基人缔结和约之后便加冕称王，建立帝国。

② 托勒密一世（Ptolemaios I，前 367—前 283/ 前 282）：亚历山大大帝麾下的大将之一。在公元前 323 年亚历山大突然死亡之后，托勒密和其他继业者（如安提柯一世、塞琉古一世、利西马科斯等）一道瓜分了亚历山大的帝国，并在埃及建立希腊化的托勒密王朝，该王朝的末代君主即为著名的"埃及艳后"克娄巴特拉七世。

③ 克利奥尼穆斯（Kleonymos，前 340—前 272）：斯巴达亚基亚德王室克利奥梅讷斯二世（Kleomenes II）的次子。据说，他因生性暴戾而未能在克利奥梅讷斯二世死后继承王位。公元前 303 年/ 前 302 年，他率军征战意大利，以支持塔兰托对抗卢加尼亚。公元前 272 年，克利奥尼穆斯在伊庇鲁斯的皮洛士王的支持下试图夺回斯巴达的王位，但最终失败。

邻邦卢加尼亚①和布鲁提乌姆②对抗（前304—前289）。当塔兰托于公元前282年无端与罗马开战之时，前者便曾向伊庇鲁斯国王皮洛士求援。这位跻身古典时代最伟大统帅之列的君主在经历了马其顿的得而复失之后，便以塔兰托人的求援为契机转而向西进军。在公元前280年至前279年间，皮洛士以巨大的代价赢得了两场无关紧要的胜利。之后，他便应西西里岛希腊人之请挥师南下，后者在阿加托克利斯死后受到了迦太基人的威胁和打压。但在那里皮洛士亦未取得任何决定性的胜利。由于皮洛士的古意大利人盟友无法独力抵抗罗马，因此他再度回师意大利半岛，并于公元前275年在贝内文图姆再次取得了"皮洛士式的胜利"。于是，皮洛士就此罢兵，返回伊庇鲁斯。后来，皮洛士在阿尔戈斯③的街头巷战

---

① 卢加尼亚（Lukanien）：意大利南部的古地名，曾于公元前5世纪中叶被奥斯坎部族的卢加尼亚人所征服。

② 布鲁提乌姆（Bruttium）：意大利半岛南端的古地名，其范围大致与今卡拉布里亚大区相当。公元前3世纪初，布鲁提人（Bruttier）与萨尼姆人一道进占了一部分位于海滨的希腊殖民地。布鲁提人曾与伊庇鲁斯的皮洛士王结盟，后被罗马击溃，并丧失了布鲁提乌姆的大部分土地。第二次布匿战争期间，布鲁提人又与汉尼拔结盟，在汉尼拔战败之后，布鲁提人彻底丧失了独立，其领土被并入罗马。

③ 阿尔戈斯（Argos）：位于伯罗奔尼撒半岛东北部的一座

中战死，当时他正欲建立一个囊括马其顿和希腊的帝国。

皮洛士被视为希腊化世界最伟大的政治冒险家之一，但罗马与他之间的战事仅仅只是那个时代的一个插曲。然而，已经显露无遗的是，随着罗马染指意大利南部，它已陷入了群雄逐鹿的利益纷争之中。而深受希腊文化浸染的意大利南部和西西里岛便是这场纷争的焦点之所在。该地区一方面对渴望成就王朝霸业的希腊化世界的军阀产生了难以抗拒的吸引力，另一方面也是地中海西部两大强国的必争之地，而这所谓的双雄便是罗马与迦太基。

## 罗马与迦太基

地中海西部的双雄之争爆发于公元前 264 年，但这场冲突却是因一件无关紧要之事而起。在阿加托克利斯去世之后，他的奥斯坎雇佣兵——他们以自己所崇奉的战神玛尔斯之名自称玛迈尔提人（Mamertiner）——

---

希腊城市。早在新石器时代就已有人定居，迈锡尼文明时期建立了城堡。古风时期的阿尔戈斯乃是伯罗奔尼撒半岛的经济、艺术和政治中心。然而，到了公元前 6 世纪，阿尔戈斯逐步丧失了优势地位，并陷入了与斯巴达的连年战事之中。

强占了梅萨纳①，并在西西里岛东部烧杀抢掠、无恶不作达数年之久。在抗击玛迈尔提人的过程中，一位名为希伦的军阀最终赢得了叙拉古的统治权。当他在一场关键的战争中取得了对玛迈尔提人的胜利之后，希伦加冕称王，并围困了梅萨纳城。于是，陷入困境的玛迈尔提人便向罗马求援，后者接受了玛迈尔提人的请求，并不计后果地将梅萨纳城纳入了自己的盟邦体系。然而，在罗马军队抵达梅萨纳之前，一位迦太基的海军将军已经派兵占领了这座城市。于是，罗马与迦太基之间的冲突便由此而起，战争规模令人始料未及。起先是希伦与迦太基人结成同盟与罗马对峙，但在希伦转投罗马之后，迦太基便独力作战争夺西西里。战争一直持续到公元前241年，这对双方而言都是一场艰难的考验。为了与迦太基的海上霸权抗衡，罗马不得不建立了一支海军舰队，而迦太基则不惜倾尽全力，以维持西西里岛上庞大的雇佣军团。

在战争期间，双方都增兵不断：对罗马而言，迦太

---

① 梅萨纳（Messana）：位于西西里岛东北端，因靠近意大利半岛而被称为"西西里的门户"。公元前8世纪，爱奥尼亚人来此定居，之后来自希腊埃维亚岛其他城市的移民亦接踵而至。公元前396年，迦太基人将梅萨纳洗劫一空，之后叙拉古王狄奥尼西奥斯一世（Dionysios I）又将之收复。

基人的进攻令罗马在意大利南部的统治岌岌可危，因此维护萨姆尼战争的这一胜利成果尤为重要；对于迦太基而言，西西里岛乃其帝国霸业的战略要地之所在，所以将古意大利人的势力驱逐出岛亦是重中之重。在战争末期，汉尼拔之父哈米尔卡·巴卡①率军在西西里岛西部进行了长达数年的顽强抵抗。公元前 241 年迦太基海军在埃加迪群岛②附近被一支经由私人捐助而筹得军费的罗马舰队所消灭，于是迦太基陆军再也无法经海路得到

---

① 哈米尔卡·巴卡（Hamilkar Barkas，前 275—前 228）：迦太基著名政治家和军事家。在第一次布匿战争末期，迦太基的军队被罗马人逼退至西西里岛西部为数不多的几座城市内，哈米尔卡·巴卡临危受命，于公元前 247 年统领迦太基在西西里的军队。尽管当时迦太基因内部的政治斗争而削弱了自身的战力，但哈米尔卡·巴卡依靠游击战术多次击败罗马人，并收复了部分失地。然而，罗马人在埃加迪群岛战役中的胜利使得哈米尔卡·巴卡的努力功亏一篑，于是迦太基的元老院便命哈米尔卡·巴卡与罗马缔结和约。在第一次布匿战争之后，迦太基的雇佣军爆发了起义（前 241—前 238），并一度将迦太基逼到了生死存亡的关头。在迦太基屡遭败绩之后，哈米尔卡·巴卡再度临危受命，并最终平定了雇佣军起义。之后，哈米尔卡·巴卡还率军进占了伊比利亚半岛的西部和东部地区。由于哈米尔卡·巴卡善于以迅雷不及掩耳之势发动奇袭，因此他被罗马人称为"闪电"，他的别名"巴卡（布匿语：Baraq，拉丁语：Barcas）"便是"闪电"之意。

② 埃加迪群岛（Ägadische Inseln）：地中海西西里岛以西的群岛，靠近特拉帕尼（Trapani）。

补给。直到此时，迦太基才不得不承认战败。

战后的和约规定迦太基人必须撤出西西里岛及与意大利之间的所有岛屿，并支付巨额的战争赔款。三年后，当被遣散的雇佣兵在迦太基起义造反之时，罗马又乘人之危，强迫迦太基支付额外的赔款，并迫使迦太基人从撒丁岛和科西嘉岛撤军。这样一来，迦太基便丧失了所有可以发兵侵袭意大利沿岸的军港基地。

与迦太基之间的对峙并不是罗马独霸意大利所带来的唯一冲突。当时的阿尔迪安人①部落在女王特乌塔②的领导下变海盗活动为正规海战，由此亚得里亚海的伊利里亚海盗便成了一大忧患，罗马的各个盟邦深受其害，其中尤以希腊人的沿海诸城为甚。在各盟邦的请求之下，

―――――――――

① 阿尔迪安人（Ardiäer）：伊利里亚地区的一个部族，居住于巴尔干半岛亚得里亚海沿岸。阿尔迪安人的势力在国王阿格隆（Agron）在位时期达到了顶峰，他们的陆军和舰队成了巴尔干半岛和亚得里亚海南部举足轻重的力量。

② 特乌塔（Teuta）：阿尔迪安王阿格隆死后，由于其子尚幼，便由其妻特乌塔执掌大权。特乌塔派舰队进击伊利里亚沿岸的希腊城市，其麾下的海盗在布特林特（Butrint）和科孚（Korfu）之间的海域进行劫掠时还波及了罗马商人。于是罗马元老院便决定出兵讨伐，这便是第一次伊利里亚战争。其实早在阿格隆在位时期，便曾有希腊城市因不堪其扰而向罗马求援。公元前228年，特乌塔被罗马人击败，并被迫接受了条件苛刻的和约。

罗马于公元前229年派兵干预，以图在达尔马提亚①建立势力范围，从而控扼有组织的海盗活动。然而，最终罗马却并未取得任何决定性的胜利，在当地一位王公的领导下，海盗活动又死灰复燃，愈演愈烈。公元前219年，罗马再度派兵干涉，于是这位王公便逃跑，投奔了马其顿国王腓力五世②。这样一来，罗马对巴尔干半岛的干预便为将来可能出现的一场更为严峻的冲突埋下了伏笔。

然而，公元前218年的罗马还需转而应对另一个严重得多的问题。在西班牙，又一场与迦太基的武装冲突爆发了，此即第二次布匿战争。在平定非洲的雇佣军之乱后，哈米尔卡·巴卡于公元前237年进兵西班牙，以图再创大业、扩充财源。在哈米尔卡·巴卡去世（前229或前228）之后，他的女婿哈斯德鲁巴③以外交为主

① 达尔马提亚（Dalmatien）：亚得里亚海东岸的古地名，大致相当于今克罗地亚东南部以及蒙特内哥罗的西南角。在古典时代，这里曾是伊利里亚部族的聚居之地，此外希腊人亦曾在沿海地带建立过不少殖民地。到了奥古斯都时代，达尔马提亚正式成为罗马的一个行省。

② 腓力五世（Philipp V，前238—前179）：马其顿国王。他于公元前221年继承了王位，当时马其顿国势日隆，已经称霸于希腊半岛的大部分地区，他一直致力于扩大马其顿的霸权。

③ 哈斯德鲁巴（Hasdrubal，前270—前221）：公元前237年，

要手段,继续推进将迦太基各统治地区连成一体的进程。数年之后,希腊人的梅萨纳城(墨西拿)提醒了罗马,迦太基人正在向北扩张。于是罗马便向哈斯德鲁巴提出申诉并与之协商,以图将迦太基的扩张限制在埃布罗河①以南。出于对凯尔特人的提防,罗马当时的要务便是要划出一个缓冲地带,以分割掌控西班牙的迦太基人和波河平原上颇不安分且与其高卢南部的同胞联系紧密的凯尔特人。然而,公元前226年与哈斯德鲁巴签订的两军和约并未对迦太基及汉尼拔产生任何约束效力。汉尼拔于公元前221年成为哈斯德鲁巴的继任者,并大力推进迦太基的扩张进程。罗马企图以外交手段予以化解,却徒劳无功。公元前219年,汉尼拔进攻萨贡托②,并在历经九月的围困之后将之占领,而罗马作为仲裁人曾与这座位于埃布罗河南岸的城市交好。当时罗马正忙于伊利

---

哈斯德鲁巴随哈米尔卡·巴卡出征西班牙,并建立了新迦太基城(Carthago Nova,今卡塔赫纳)。在哈米尔卡·巴卡死后,哈斯德鲁巴继承帅位,掌控了伊比利亚半岛的大部分地区。公元前226年,哈斯德鲁巴与罗马人签订了《埃布罗协议》,该协议规定迦太基军队不得越过埃布罗河。公元前221年,哈斯德鲁巴被伊比利亚奴隶杀害。

① 埃布罗河(Ebro):西班牙东北部河流,全长约910公里,自西北向东南注入地中海。

② 萨贡托(Sagunt):伊比利亚半岛西部城市,靠近地中海。

里亚和意大利北部的战事，无暇西顾，因此并未采取任何行动。这便使得汉尼拔得寸进尺，于公元前218年春领兵跨过埃布罗河，开始征服居于比利牛斯山以南的各个部族。于是，罗马便对迦太基宣战了。

战争伊始，双方均相机组织攻势。寻敌于国门之外，并歼灭敌之援军，成了罗马和迦太基的基本战略意图。罗马人引兵西进至西班牙，汉尼拔则翻过阿尔卑斯山侵入意大利。双方都试图大战几场，以速决胜负。公元前218年至公元前216年为战争的第一阶段，此间汉尼拔成了战争的赢家，而罗马则屡次落败，其颓势更是在著名的坎尼会战中达到了无以复加的地步。这场大战在意大利南部的普利亚进行，最后罗马一败涂地①。此外，在西班牙罗马人亦无骄人胜绩可言，直到公元前211年，

---

① 在坎尼战役前，汉尼拔仔细研究了罗马人的战阵，他发现尽管罗马的重步兵具有人数上的优势，但罗马中军的步兵却紧紧地挤在一起，机动性较差。于是,他将自己的大军排成弓形军阵，其中身经百战的利比亚雇佣军被置于军阵的后部及两侧，以便在战斗中从两翼压制罗马军队。另外，他又命骑兵从后部奇袭敌军。至于中军则被汉尼拔故意削弱，以达到诱敌深入的目的。这一计策颇为奏效，尽管迦太基相对薄弱的中军因难以抵挡罗马的精锐部队而被迫后撤，但这恰好将罗马军队引入包抄合围的陷阱之中。最终，罗马军队被各个击破，约有7万人战死，另有1万人沦为战俘，此外还有29名罗马高级军官和80位元老命丧战场。

罗马将领普布利乌斯·科尔内利乌斯·西庇阿[1]和盖奈乌斯·科尔内利乌斯·西庇阿[2]还遭遇了一次大败。

在坎尼战败之后，罗马转而在意大利采取了拖延迂回的战术，而当时暂摄最高统帅之位的费边·马克西穆斯[3]也因此被人称为"迂延者（*Cunctator*）"，他的战术也得名为"费边战术"。当时的罗马人确信，他们所拥有的资源优势将帮助他们取得战争的最后胜利。汉尼拔和迦太基人因此而不得不采取的一系列措施，却显得并

──────────

① 普布利乌斯·科尔内利乌斯·西庇阿（Publius Cornelius Scipio）：出生于罗马著名的西庇阿家族，公元前218年就任罗马执政官，在任期间未能成功阻挡汉尼拔自西班牙东进意大利北部，后与其兄盖奈乌斯·科尔内利乌斯·西庇阿进兵西班牙作战，并取得了一定的胜绩。公元前211年，他丧命于抗击迦太基人的战争之中。

② 盖奈乌斯·科尔内利乌斯·西庇阿（Gnaeus Cornelius Scipio）：曾于公元前222年任罗马执政官，自公元前218年起便在伊比利亚半岛抗击迦太基人，并在西萨战役（Schlacht von Cissa）中击败了迦太基将领汉诺（Hanno）。公元前211年，在其弟丧命一个月之后，盖奈乌斯·科尔内利乌斯·西庇阿亦在伊罗利卡战役（Schlacht von Ilorica）中丧生。

③ 费边·马克西穆斯（Fabius Maximus，前280—前203）：罗马共和国著名军事家和政治家，曾五次担任执政官（前233、前228、前215、前214及209），并两度获任独裁官（前221、前217年），在第二次布匿战争中以拖延战术挽救了罗马的危局。

无成效。最后，汉尼拔试图解散意大利南部的罗马盟邦体系，但徒劳无功。谁投靠了汉尼拔，谁就是在向强权屈服。因此罗马的盟邦体系并未分崩离析。反而是迦太基将战争扩展至无关紧要的地区，倒使得自己不得不将有限的军力分兵各处。至于争夺西西里岛的战争，则是以罗马征服叙拉古而告终，后者当时已是该岛上最后一个独立的政权。而汉尼拔在坎尼会战后与马其顿王腓力五世达成的合作协议，罗马几乎未费一兵一卒便化解了：当时希腊西北部的埃托利亚人（Ätoler）及其同盟宣告与马其顿王开战，此即第一次马其顿战争（前212—前205）。

后来，罗马人在西班牙占据了上风，于是第二次布匿战争便出现了重大转机。当时汉尼拔之弟哈斯德鲁巴①率军从西班牙驰援意大利，但这最后一支援兵却在

---

① 哈斯德鲁巴（Hasdrubal，前245—前207）：第二次布匿战争时迦太基的主将之一。在公元前218年汉尼拔进兵意大利之后，哈斯德鲁巴便成了西班牙迦太基军队的最高统帅。公元前217年，哈斯德鲁巴的军队在埃布罗河河口的海战中被罗马将领盖奈乌斯·科尔内利乌斯·西庇阿击败。公元前216年，盖奈乌斯·科尔内利乌斯·西庇阿与其弟普布利乌斯·科尔内利乌斯·西庇阿一道于埃布罗河再败哈斯德鲁巴，从而使后者无法前往意大利与汉尼拔会合。但到了公元前211年，哈斯德鲁巴成功地分割并击溃了西庇阿兄弟的军队，其中普布利乌斯·科尔内利乌斯·西

公元前 207 年遭到全歼。于是，先前征服西班牙的大西庇阿率领罗马人发动攻势，自西西里岛出发登陆非洲，从而迫使汉尼拔撤出意大利。在公元前 202 年的扎马决战中，汉尼拔被大西庇阿击败。

签订于公元前 201 年的和约宣告了第二次布匿战争的结束，而这次和约却与第一次布匿战争结束后所签订的条约有着根本区别。根据先前条约的规定，迦太基除了撤出西西里岛和支付战争赔款之外，并无其他必须履行之义务。但这次新约的订立，却早已将迦太基承认西班牙归罗马所有这一条件列为默认的前提，需要谈判的仅仅只是迦太基还可以保有什么，以及该城还须承担哪

庇阿和盖奈乌斯·科尔内利乌斯·西庇阿也先后命丧沙场。战败的消息传到罗马后，众人束手无策，亦无人敢前往西班牙领兵作战，直到最后普布利乌斯·科尔内利乌斯·西庇阿的同名儿子——大西庇阿——受命挂帅。大西庇阿到达西班牙后很快重整了罗马军队，并在公元前 220 年的一次奇袭中攻占了迦太基在欧洲的最大城市——新迦太基（Carthago Nova）。公元前 208 年，哈斯德鲁巴在拜库拉战役（Schlacht bei Baecula）中败在了大西庇阿手下，但哈斯德鲁巴始终不忘与其兄长汉尼拔会师以共抗罗马的打算，在战败之后，他带领剩下的军队翻越阿尔卑斯山，试图增援汉尼拔。由于途中走漏消息，罗马人得知哈斯德鲁巴的动向，而汉尼拔却对其弟的到来一无所知。最后，哈斯德鲁巴未能与其兄长会合，他的军队于公元前 207 年在意大利中部被罗马人歼灭，他也丧命沙场。

些额外义务而已。新约至少在原则上确认了迦太基人还可以占有非洲的土地，并仍然享有依照自身法律继续生活的自由。但罗马人做出以上让步，是以迦太基的军备受到限制、主权遭到损害为前提的，因为迦太基人若要发动战争，就必须得到罗马人的批准。此外，迦太基还须支付数额甚巨、要分 50 年方能付清的战争赔款，同时还须派人前往罗马充当人质。最后，迦太基还被迫与马西尼萨①的努米底亚王国（位于今阿尔及利亚的东北部）为邻，后者虽是罗马的盟友，却不为迦太基所喜。

---

① 马西尼萨（Massinissa，前 238—前 148）：初为努米底亚东部部族的国王，后来成为努米底亚的共主（前 201—前 149）。马西尼萨曾在公元前 213 年至前 206 年与迦太基结盟，并于公元前 212 年随迦太基军队前往西班牙。他所率领的努米底亚骑兵在对西庇阿兄弟的作战中发挥了重要作用。后来，迦太基出于政治考量将马西尼萨的女儿许配给了他的死敌——西努米底亚国王西法克斯（Syphax），这让马西尼萨深感受辱。由于当时的战局日渐有利于罗马，于是马西尼萨转投罗马，并为后者提供了粮食、军队和战象。马西尼萨在返回非洲后被西法克斯击败，并被逐出了东努米底亚，他只得投奔罗马，并为罗马击败迦太基以及西法克斯立下了功劳。其中，在扎马决战中，马西尼萨还为罗马提供了 6000 名训练有素的努米底亚骑兵。作为对马西尼萨的回报，罗马把原属西法克斯的领土交给了马西尼萨，并迫使战败的迦太基承认他作为努米底亚国王的身份，同时还命迦太基将部分领土割让给努米底亚。

这样看来，公元前 201 年的和约内容无不传递出这样的信息：罗马已然无法容忍迦太基作为一个独立强权的存在。在与迦太基缔约之后，罗马元老院便立即抓住现成的机会，找汉尼拔的盟友、马其顿国王腓力五世秋后算账。

## 罗马与希腊化世界的列国诸邦

公元前 3 世纪，希腊化世界列国并存，此乃公元前 323 年至公元前 276 年间亚历山大大帝诸位部将为争夺其遗产而互相征伐所形成的格局。希腊化世界幅员辽阔，西起亚得里亚海，东达印度边陲，北抵兴都库什山脉，南到埃及。在这一广大的地域内，分布着三个王朝帝国、一些较小的王国、若干希腊联邦国家以及繁多的希腊独立城邦。亚历山大大帝及其后继者的开疆建城之举使得古希腊城邦式的都邑遍及近东、两河流域乃至更远的地方。安提柯、托勒密、塞琉古这三个大帝国维系着希腊化世界脆弱的平衡。其中安提柯的中心便在马其顿，此外，这个王朝还拥有希腊半岛的据点，并意在控制爱琴海及其诸多海峡乃至小亚细亚西部。安提柯的死敌乃是埃及的托勒密王朝，后者掌握着爱琴海以及小亚细亚南部的零散地区，并能对希腊半岛施加政治影响。而波斯帝国及亚历山大帝国的主要遗产在当时则由塞琉古王朝继承。叙利亚北部、两河流域乃是塞琉古帝国的核心疆域，此外小亚细亚大部及伊朗高原也归属于塞琉古王朝，尽管这两个地区的疆域常有变迁。塞琉古帝国作为宗主国统辖着这片君主王国、教团领地以及希腊或腓尼基城邦交错混杂的地区。也正是这样的组织架构造成了这个大帝国特有的弱点：塞琉古王朝深受分裂割据的威胁，其统一的局面以及军事动员能力受到多种因素的制约，并在相当程度上取决于统治者的个人能力。

当公元前 204 年托勒密四世（Ptolemaios IV）尚未成年的儿子登上埃及的王位时，安条克三世（Antiochos III）与腓力五世均试图借托勒密王朝衰微之机趁火打劫。安条克三世攻占了原属于托勒密王朝的柯里叙利亚（Koilesyrien，今黎巴嫩与巴勒斯坦），并开始夺回在小亚细亚西部的失地。在那里，安条克三世与腓力五世达成了一项（颇为有限的）合作协议，由此腓力五世便开始在爱琴海和小亚细亚西南部进行扩张，并企图将各大海峡的沿岸地区纳入囊中。在收到腓力五世企图攻打各个海峡的战略要地的警报之后，安提柯的敌人便结成同盟，以对抗腓力五世的进攻，而这一联盟的领导力量便

是帕加马①国王阿塔罗斯一世②以及重要的海上贸易城邦——罗德岛③。当时，他们还向罗马提出了申诉，而

---

① 帕加马 (Pergamon)：古典时代小亚细亚西海岸的一座希腊城市，在亚历山大大帝逝世之后，帕加马成为继业者利西马科斯的辖地，后者任命其麾下军官菲莱泰罗斯 (Philetairos) 掌管帕加马。公元前281年利西马科斯死后，菲莱泰罗斯宣告独立，创建了阿塔罗斯王朝，当时其统治区域仅限于帕加马城及其周边地区。在菲莱泰罗斯的继任者欧迈尼斯一世 (Eumenes I) 的手中，帕加马不断扩张。在公元前261年击败塞琉古国王安条克一世之后，帕加马取得沿海及内陆的大量土地。自阿塔罗斯一世起，帕加马便成了希腊化世界诸邦中罗马最为忠实的盟友之一。

② 阿塔罗斯一世 (Attalos I，前269—前197)：阿塔罗斯王朝第一位接受国王称号的统治者，他的前任菲莱泰罗斯和欧迈尼斯一世都未正式称王。公元前280年，阿塔罗斯一世击败了伽拉太人，后者为凯尔特人一部，曾从色雷斯迁入小亚细亚，并在当地大肆劫掠。正是因为此战得胜，阿塔罗斯正式称王，并获得了"拯救者"的尊号。作为罗马的盟友，阿塔罗斯亦在抗击腓力五世的第一次和第二次马其顿战争中发挥了举足轻重的作用。

③ 罗德岛 (Rhodos)：爱琴海东南部岛屿，靠近小亚细亚。公元前11世纪，古希腊的多利安人在岛上定居，并在日后形成了罗德岛上三座主要城市，即伊阿里索斯 (Ialysos)、林多斯 (Lindos) 和卡米罗斯 (Kameiros)。后来，这三座城市又与爱琴海上的科斯岛 (Kos) 以及陆地上的克尼多斯 (Knidos) 和哈利卡那索斯(Halikarnassos)结成了所谓的"多利安六城之盟(Dorische Hexapolis)"。公元前546年，随着吕底亚的战败，罗德岛被纳入波斯人阿契美尼德王朝的势力范围之中。公元前479年，波斯人在普拉提亚战役 (Schlacht bei Plataiai) 中落败，次年罗德岛

罗马元老院也意欲加入联盟参战——但这并不是出于对马其顿国势日隆的恐惧，而是想要拿汉尼拔曾经的盟友开刀，惩一儆百，并把马其顿打回原形，使之沦为主权缺失的二流国家。召集希腊半岛上马其顿的敌人，在外交上并非难事，同时人民大会对再度参战的反对态度，也得以顺利摆平。在战争胜负未分数年后的公元前 197 年，罗马人终于在提图斯·昆西图斯·弗拉米尼乌斯（Titus Quinctius Flamininus）的领导下取得了一场决定性的胜利。

然而，最后和约的达成却显得颇为不易。希腊方面要求彻底灭亡马其顿，但另一方面他们又担心罗马会趁机取而代之，并企图占领诸如科林斯、埃维亚岛①上

---

加入了由雅典和小亚细亚众多城邦所组成的提洛同盟（Attischer Seebund）。公元前 408 或前 407 年，罗德岛上的三座城市正式合并，并建立了新的罗德城。公元前 402 年，提洛同盟解体，罗德岛完全独立。约公元前 292 年，古代世界七大奇迹之一的太阳神铜像在罗德岛落成。罗德岛巧妙地采取了偏向罗马的政策，并由此在公元前 2 世纪初叶成为一座繁荣兴盛的商埠。

① 埃维亚岛（Euböa）：希腊第二大岛，位于爱琴海西部，靠近希腊本土，首府为哈尔基斯达（Chalkida），旧名哈尔基斯（Chalkis）。这座城市最初为腓尼基人的定居之地，贸易发达，城防森严，自古典时代直至中世纪都一直具有重要的战略意义。

的哈尔基斯和色萨利①地区的德米特里阿斯②等战略要地。弗拉米乌斯最终所达成的和约将马其顿逐出了希腊半岛，并宣布欧洲和小亚细亚的所有希腊国家获得自由。但问题并未就此解决，希腊化世界列国间的关系千头万绪、错综复杂，细微之处往往暗藏危机，况且若要实现希腊诸邦的独立，则首先必须解决众多的地区冲突与争端问题。除此之外，更为重要的问题在于，安条克三世趁马其顿落败之际，掌控了小亚细亚西部和欧洲（海峡沿岸）的希腊城邦。由此罗马便陷入了尴尬的境地，为了挽回颜面，罗马最终决定出兵一战，以维护希腊诸邦的独立。

这场战争（前191—前188）最终以罗马获胜而告终，之后所签订的条约内容也大致同罗马与腓力五世订立的和约相似。除了支付不可缺少的战争赔款和限制军备以

①　色萨利（Thessalien）：希腊北部的古地名，大致位于马其顿、伊庇鲁斯和希腊中部之间。

②　德米特里阿斯（Demetrias）：古代希腊港口城市，其原址位于今沃洛斯（Volos）以南 1.5 公里处。公元前 294 年，亚历山大大帝的继业者之一德米特里一世（Demetrios I）建立了这座城市。在希腊化时代，马其顿国王正是通过此城控驭希腊北部，它与哈尔基斯、科林斯一起称为掌控希腊的三大要塞。

外，安条克三世还不得不退出托鲁斯山脉<sup>①</sup>以北的小亚细亚地区。这样一来，希腊化时代的各个老牌强国便被逐出了希腊半岛和小亚细亚这两个希腊化世界的核心区域。罗马主导了小亚细亚各邦之间领土的划界分配，在希腊半岛亦是如此。帕加马王朝成了主要的受益者，但这一中等强国同时也面临着与众多自由城邦、大大小小的王国以及教团领地相互对峙的局面。

罗马通过公元前 210 年、公元前 196 年以及公元前 188 年这三个条约所要达成的目的是显而易见的。它为自己量身打造了地中海世界的新秩序，而这一秩序的要义则在于：打压各大老牌强国，使之除了狭小的外交空间之外再无还击之力。但这一由罗马自己创建的格局所带来的诸般后果，却是罗马所推行的政策无法有效应对的。面对层出不穷的困局，罗马最终只得选择灭亡马其顿王国（前 168）和迦太基（前 146）。随着希腊化世界的解体，最后罗马不得不勉为其难，进入这一权力真空地带，并将地中海世界诸邦置于自己的统御之下。

这一切背后的原因在于，由罗马所创建的列国体系

---

① 托鲁斯山脉 (Taurusgebirge)：位于今土耳其境内的山脉，分中、西和东南三段，同时亦是安纳托利亚高原和美索不达米亚平原的分界线。

在面对自身的大小争端时显得无能为力。各国不论所遇何事，都会请求罗马介入，即便是无足轻重之事亦如此。在干预异邦争端这一问题上，无论元老院是反感还是力挺，最终都会加剧诸国对这一体系的不满与抵触，归根到底该体系的始作俑者便是罗马自己。此皆列国体系本身的缺陷使然。在这种政治氛围之下，反应过激与诉诸暴力的行为便蔓延开来。马其顿东山再起，咄咄逼人，以图重振在希腊的霸主地位，而马西尼萨王与迦太基之间也冲突不断，困局丛生。所有这一切都促使罗马最终做出肃清马其顿王朝并灭亡迦太基的决定。两大强权沦亡之后，罗马别无选择，只得在两国原有地区建立起直接统治。

公元前 146 年，罗马在迦太基故地设立了阿非利加行省。在巴尔干半岛，罗马先是平定了马其顿和希腊地区的起义，在此期间又于迦太基亡国的同年攻灭科林斯。之后，罗马便不得不承担起庇护马其顿与希腊诸社群的职责，使之免受伊利里亚人与色雷斯人①的威胁。罗马

---

① 色雷斯人（Thraker）：古典时代的印欧语系部族，主要居住在巴尔干半岛的色雷斯地区（位于喀尔巴阡山脉和爱琴海之间）以及小亚细亚的密西亚（Mysien）、比提尼亚和帕夫拉戈尼亚（Paphlagonien）等地。

在希腊化世界的帝国初现雏形，而帝国的肇建也受惠于一些王国的遗赠，后者的君主为了以他们自己的方式言明身后之安排，便立下遗嘱，让罗马人继承自己的王国。比如，帕加马帝国的阿塔罗斯三世（Attalos III）（前133）、昔兰尼加王国（Kyrenaika）的托勒密王朝旁支（前96）以及小亚细亚西北部比提尼亚王国①的尼科梅德四世（前74）。这些地区也就逐步凝聚成了罗马在地中海东部所经营的仆从联盟的核心。

后来，罗马的地位再度发生动摇，而这乃因本都②

---

① 比提尼亚（Bithynien）：位于小亚细亚北部的古地名。公元前430年左右，这一地区建立了地方性的世袭政权。到了公元前297年，比提尼亚的统治者芝普特斯（Zipoites）正式称王，其子尼科梅德一世（Nikomedes I）继承了父辈的政策，因势而动地扩大疆土。到了普鲁西阿斯一世（Prusias I）在位时期，比提尼亚王国的疆域达到了巅峰。末代国王尼科梅德四世曾两次被本都王国的米特里达梯六世驱逐，后因罗马相助得以回国复位。

② 本都王国（Königreich Pontos）：古典时代黑海南岸国家，由米特里达梯一世（Mithridates I）于公元前291年所建。到了米特里达梯六世在位时期（约前120—前63），本都王国的疆域达到了极盛，掌控了卡帕多西亚（Kappadokien）、比提尼亚、加拉太（Galatien）、科尔基斯（Kolchis）、罗马的亚细亚行省以及博斯普鲁斯王国。米特里达梯六世曾与罗马交战三次。公元前63年，随着米特里达梯六世在第三次米特里达梯战争中被庞培击败，本都王国解体，被并入罗马共和国。被迫退位的米特里达梯六世在

王米特里达梯六世而起。这位祖籍伊朗的君主统治了包括小亚细亚东北部以及克里米亚半岛与刻赤半岛①上的希腊诸城在内的土地。米特里达梯六世的兴兵攻伐，皆因罗马在领土纷争中曾亏待过本都王国。而当罗马与其古意大利人盟邦激战正酣之时，米特里达梯六世便于公元前88年下令出兵进击。在进军的过程中，他利用了东部地区高涨的反罗马情绪。于是，小亚细亚和希腊地区纷纷归附在这位解放者的麾下。尽管卢基乌斯·科尔内利乌斯·苏拉重新恢复了这一地区的秩序（前88—前85），但直到庞培才最终得以平定东方的乱局，并于公元前63年在此地确立了直接的政治统治②。

---

克里米亚的一座城堡中命亲信将自己刺死。

　　① 刻赤半岛（Halbinsel Kertsch）：位于克里米亚半岛的最东端，与塔曼半岛（Halbinsel Taman）隔海相望，共同扼守从黑海进入亚速海的刻赤海峡。

　　② 庞培将本都王国的西部划入新设立的比提尼亚-本都行省，而东部地区则成了罗马的附属王国。在第三次米特里达梯战争末期，米特里达梯六世因被庞培击败而逃入了其子法尔奈克二世（Pharnakes II）所统辖的博斯普鲁斯王国。法尔奈克二世与罗马人相勾结，胁迫其父退位，后又将他的遗体献给庞培。于是，罗马便承认了他作为博斯普鲁斯国王的地位。公元前47年，法尔奈克二世乘恺撒与庞培党人内战之机，企图夺回其父亲的帝国，但最终被恺撒击败。

东方的这一乱局在一定程度上亦是由塞琉古帝国的崩溃所致。公元前130年/前129年，塞琉古帝国在两河流域的领土为帕提亚帝国所据，后者于公元前3世纪在伊朗高原上立国。犹地亚在哈斯蒙尼家族[①]的领导下宣布脱离塞琉古帝国，并吞并了它的邻邦。此外，各个王国之间亦是争斗不止。最后，与米特里达梯六世结成同盟的亚美尼亚国王提格兰一世（Tigranes I）在公元前83年将塞琉古帝国位于叙利亚和奇里乞亚[②]的土地收入囊中。

公元前67年，庞培开始清剿困扰罗马已久的海盗团体，而棘手的海盗活动正是由东方的权力真空所引起的。庞培在位于小亚细亚东南部、原为海盗活动的主要据点之一的奇里乞亚建立了罗马行省。公元前63年，

---

① 犹地亚（Judäa）：地中海东岸的古地名，大致位于今以色列境内。公元前2世纪中叶，哈斯蒙尼家族（Hasmonäer）在犹地亚建立了政教合一的犹太国家，并维持了长达一个世纪之久的独立地位。在此期间，犹太教也取得了长足的发展。公元前63年，庞培征服了犹地亚，此地遂丧失了独立主权，沦为罗马的附属国，但哈斯蒙尼家族依然得以担任当地的最高神职。公元前37年，哈斯蒙尼家族丧失了在犹地亚的领袖地位，大希律王成为新国王。公元前6年，奥古斯都下令将犹地亚王国改组为罗马行省。

② 奇里乞亚（Kilikien）：小亚细亚东南部的古地名，相当于今土耳其的阿达纳省（Adana）和梅尔辛省（Mersin）。

在击败米特里达梯六世与提格兰一世之后，庞培便在整个东方重建了统治秩序，而这其中最为关键的便是本都、比提尼亚和叙利亚这三个行省的设立。通过建立众多的城市，庞培才得以为罗马对这些地区进行行政管理打下了部分基础。位于小亚细亚和近东的各个行省亦将众多依附罗马的诸侯王国——所谓的仆从国——收入其中。而罗马与帕提亚则是以幼发拉底河上游为界。至于边境沿线希腊化诸国的故地，便为各国的后继者所瓜分。其中东部归于帕提亚帝国，而位于地中海沿岸的西部则为罗马人所有。

## 罗马帝国的肇端

罗马帝国的诞生并非深谋远虑的扩张政策所致，而是在将近两百年的发展过程中逐渐形成的。最终导向世界帝国的每一步，实际上都基于为应对某一具体挑战而做出的个别决策。而罗马所奉行之政策的具体目标也是因时而异的。当我们回溯这段历史时，至少可以将之划分为四个主要阶段：公元前 3 世纪时，罗马主要忙于保卫意大利，以使之免受迦太基人、凯尔特人和伊利里亚人的侵袭，所采取的手段便是控制前沿阵地以及敌方的海岸乃至前线岛屿（前 264—前 218）。在经历了第二次布匿战争和对希腊半岛的武装干涉之后，罗马迫使反对自己统治地位的强国霸权称臣，而达到此目的的一个重要手段便是削弱后者的主权独立（前 201—前 188）。但这一统治理念的最终破灭，使得罗马选择彻底灭亡马其顿和迦太基这两大宿敌（前 168—前 146）。在这之后，从最开始的迟疑不决，到之后清晰方案的形成，一个由罗马统治的国家联盟（imperium Romanum）便应运而生了。

当罗马在第一次布匿战争之后掌控了西西里岛、撒丁岛和科西嘉岛时，原本意在将迦太基的势力驱逐出意大利半岛的前沿诸岛。为了应对可能的战事，建立军工设施势在必行，其中海军舰队的建造更是尤为重要，而打造花费昂贵的舰队的费用便由罗马的各个臣属国按比例分配承担。关于当时西西里岛上的情形有明确的记载留存至今。岛上的梅萨纳被纳入意大利半岛的盟邦体系，至于希伦的叙拉古帝国，罗马亦与之结成了同盟，双方许诺互相支援。但梅萨纳和叙拉古并无向罗马纳金输贡的义务。但曾臣服于迦太基的西西里岛西部社群就不一样了，他们必须为罗马建造船只、提供补给或者献宝纳贡。为了管理这一因军需而设的机构，罗马在西西里岛西部港口利利贝乌姆[①]派驻了任期一年的舰队财务官（quaestor classicus）。直到公元前227年，罗马鉴于与意大利北部凯尔特人的对峙以及迦太基在西班牙的扩张而决定采取预防措施之时，西西里岛上才派驻了拥有军队指挥权的行政高官——裁判官。当叙拉古王国在第二次布匿战争期间被武力吞并之后，罗马人亦采用了更为严苛的希腊化赋税体系。从此开始，监管税收体系也成了总督的职权（provincia）[②]。在臣属社群的协助之下，这一税收体系通过地方的包税人向行政辖区征税。在西班牙，罗马的直接统治从一开始便得到了彻底贯彻，而实行直接统治所要达到的两大目的便是：实现政治和军事控制并建立赋税体系。罗马希望借此彻底断绝迦太基企图染指西班牙的念头，并从当地的银矿、铜矿、铁矿

----

① 利利贝乌姆（Lilybaeum）：西西里岛上的要塞，由迦太基人于公元前397年所建，曾被誉为不可攻克之城。皮洛士和罗马人曾分别于公元前279年和公元前250年至前241年间围困该城，但最后均无法成功破城。在第一次布匿战争时期，此地曾是迦太基人在西西里岛上最后的据点。公元前241年，随着迦太基在第一次布匿战争中的落败，利利贝乌姆被移交到罗马人的手中。今为意大利的马尔萨拉城（Marsala）。

② "provincia"一词在拉丁语中最初指的其实是职权范围，后来随着其他地区被并入罗马版图，"provincia"才引申出了"地理意义上的行政区划"的含义。

和锡矿中获取收益。曾有报道说，单是银矿开采便可单日获益 25000 德拉赫马（Drachme）。此外，罗马人还效法迦太基人，要求臣服的各个部族向自己纳贡，以维持国内的驻军。输贡的金额刚开始是按需计算的，但后来（自公元前 180/ 前 178 起）就改为按所估粮食收成的 5% 计算。第二次布匿战争的结束并不意味着伊比利亚半岛就此恢复平静。这一地区地域辽阔，伊比利亚的凯尔特部族又野蛮好战，再加上山区闭塞、鞭长莫及，这一切都迫使罗马大规模增兵伊比利亚半岛。公元前 197 年，罗马在伊比利亚设立了两大军区，并且不断地派遣大军进驻。但直到奥古斯都皇帝时代，西班牙才得到彻底平定。尽管罗马从西班牙获益颇丰，但是罗马为此所付出的代价却是大规模的持续增兵以及由此而来的巨大损失。可以说，罗马在西班牙各个行省的诸般经历是充满矛盾的。因此，当罗马在公元前 2 世纪准备出兵干涉东方政局之时，有人便以新增行省只会徒增负担为由而坚决反对，力挺与反感的呼声针锋相对、势均力敌，而这其中的缘由也就不言自明了。甚至到了公元前 168 年罗马击溃马其顿王朝之时，在马其顿的故地之上仍未设置行省。直到马其顿和希腊半岛的起义运动遭到镇压之后的公元前 146 年，罗马才迫不得已地承担起庇护这一地区的责任。同年，迦太基亦被亡国，于是罗马便取而代之，成为先前迦太基各个属国的宗主。因为若非如此，努米底亚人的扩张恐怕难以遏制。

公元前 133 年，帕加马帝国的遗赠进一步推动了罗马这一跨地中海的帝国联盟的形成。但之后帕加马帝国的一位王位争夺者[①]掀起了一场起义，罗马深陷其中，最终盖乌斯·格拉古（Gaius Gracchus）于公元前 123 年将这一富庶的行省定为罗马包税人的征税之地，以为自己推行内政改革争取资金和同盟。东方地区城邑密布，繁荣富足，传自希腊化时代的赋税制度全面而合理，这都大力促进了效法亚细亚行省、设置更多军事与财政合一的行政区的进程。然而，若要达此目的，还需满足以下条件：政治与军事的稳定必不可少，罗马贵族的雄心壮志亦不可或缺，后者当利用各大行省的资源以求得自身在罗马政治中的统治地位。而践行这一要义的绝佳范例便是庞培的发迹。

行省所指的并不仅仅是由总督统管、军事行政财税

---

① 指阿里斯东尼克（Aristonikos），欧迈尼斯二世的私生子。在阿塔罗斯三世将帕加马帝国遗赠给罗马之后，他率兵起义，试图恢复帕加马的独立，并自称欧迈尼斯三世。阿里斯东尼克曾几度战胜罗马军队，直到公元前 129 年，罗马人才迫使他投降。

合一的行政区划，更是军队统帅所辖的战区，后者实乃行省之本意，且当时还完全未被后起之新义所取代。当罗马在其同盟马西利亚①的后方平定凯尔特诸部，并于公元前118年设立名为纳尔博（纳博讷）②的殖民地以确保通往西班牙要道之安全时，这一高卢地区新设的行省与波河平原上的原有诸行省一样都不过是军事战区而已。而这自然也就意味着，这些行省并无固定之疆界。公元前58年至公元前50年，恺撒曾任山南高卢③与山

---

① 马西利亚（Massalia）：今法国马赛。公元前7世纪，来自小亚细亚的希腊商人驾船到达了今法国南海岸靠近罗讷河入海口的地方，并与当地的利古里亚人通商往来。大约在公元前620年至前600年间，希腊人在利古里亚人所赠予的土地上建立了永久的定居地，并命名为马西利亚。这座城邦在日后成为希腊在地中海最为富有的殖民地之一，而希腊文化的影响更是借助罗讷河这一天然的商道而得以深入内陆腹地。然而，马西利亚与当地的凯尔特部落一直冲突不断。公元前125年，面对高卢人的进攻，马西利亚就曾向罗马军队求救。于是，罗马便借机派兵征服了高卢南方的大部分地区，并由此形成了山北高卢行省（Gallia transalpina），后来该行省又改称高卢-纳博讷西斯行省（Gallia Narbonensis）。

② 纳博讷（Narbonne）：罗马在意大利本土之外的首个殖民地，之后高卢南部便以此城为名建立了高卢-纳博讷西斯行省。

③ 山南高卢（Gallia cisalpina）：公元前203年至前41年为罗马行省，大致相当于今意大利北部地区以及今属克罗地亚的伊斯特拉半岛。自公元前5世纪起，这一地区便是凯尔特人的定

北高卢两地的总督，主管平叛之后这些地区——尤其是意大利北部——的司法与行政事宜，而当时的山北高卢大部其实仍是军事战区意义上的行省。

依据当时的一项行省法（lex provinciae），行省被定义为行政与财税合一的政区，但行省的组织架构却并不统一。除去（尤其是位于山南高卢，当然也包括山北高卢和西班牙诸行省的）一些殖民地以外，各行省本土的部族和城市被分成三类：一类是必须向罗马上税的众多臣仆，另一类则是享有免税与自治的自由社群，而最后一类便是依照条约无须履行征调、募兵以及为军队提供宿营之义务的盟友。各大社群的法律地位取决于它们是在何种情况下加入日渐成型的罗马帝国的。

然而，罗马统治阶层的领导能力显然无法跟上帝国开疆拓土的步伐。掌握最高军事和"治权（imperium）"①

---

居地，因此在当时的人们看来，此地便属高卢，而非古意大利人所居之地。在第二次布匿战争期间，罗马人逐步征服了山南高卢地区。公元前49年，该地区的居民获得了罗马的公民权。到了公元前41年，山南高卢行省撤销，划归意大利本土。

① "治权"这一概念在罗马共和国时期主要指担任特定官职之人依法所拥有的职权和权限。在拉丁语中，"imperium"的动词形式"imperare"就是"统治、命令、掌管"之意。拥有"治权"，便意味着在该权限范围之内享有绝对的权力，但享有同级或更高治权的同僚亦可通过反对票或多数票否决这一权力。在罗

的诸人不仅在罗马领导政府、裁判司法，更可以分别号令各大行省，而这一任期为一年的官职仅设 6 个，在独裁官苏拉（前 81/ 前 80）改革之后又增至 10 个。其实早在公元前 2 世纪，该官职的数量就已显不足，当时人们为了解决这一问题，便将任期延长，并把任职者派驻各行省，以代替执政官或裁判官在当地行使军事与民政之权 [ 又称资深行政官（proconsule）或资深裁判官（propraetore）]。

不言自明的是，管辖区域、任职期限与职权范围的

---

马共和国时期，享有"治权"的官职有独裁官、执政官、裁判官、骑士统领（magister equitum，最初为独裁官的副手）、市政官以及资深执政官（Prokonsul）、资深裁判官（Proprätor）、资深财务官（Proquästor）等，他们由肩扛法西斯束棒（fasces）的执法吏（Liktor）陪同，以象征他们所享有的权威。其中执政官有 12 名执法吏，独裁官最初也是同样的规格，但自苏拉任独裁官后，这一官职所配属的执法吏便增至 24 人。最初，享有"治权"之人被称为"Imperator"。自大西庇阿起，这一称号便获得了"大将军"乃至"常胜将军"的含义。到了帝制时代，该词便成了仅指罗马皇帝的专有名词。至于最初本为"治权"之意的"imperium"一词，到了罗马共和国晚期便多了一层空间上的含义，当时它指的是可以行使某一大权的具体地域范围，于是便出现了"Imperium populi Romani（罗马人民的权域）"这样的非官方说法用以指代罗马帝国的疆域。自西塞罗起，"Imperium Romanum（罗马人民的权域）"便成了罗马帝国的称号。

划分又会引起其他问题，而这些问题须通过有针对性的立法加以解决。独裁官苏拉暂时化解了这些难题，但更为关键的是，建立跨越各个政区的作战指挥体系势在必行，而这便使得设立更高一级的指挥大权成为题中之义。罗马领导阶层个别成员的雄心壮志与军事才能将设置拥有多年任期的指挥特权提上了罗马内政的日程安排。庞培与恺撒利用这一指挥特权，动摇了他们所属阶层的集体治理模式。他们缔造了掌控更大统辖区域的全新特权，由此共和的国体也便岌岌可危，行将被渐已成型的帝国所取代。孟德斯鸠曾认为，是罗马帝国毁灭了罗马共和国。这一洞见即便是在当下的学术研究中仍未失去价值。

第三章
# 共和国的危机与罗马帝制的诞生

　　罗马崛起为世界强国，既改变了意大利社会，也使得对国家制度进行彻底改革变得势在必行。然而，当时的罗马虽有改革之需求，却全无革新之能力。共和国在内战的时代陷于崩溃，直到罗马帝制的确立才最终为罗马帝国找到了长久存续之道。

　　罗马社会自公元前 3 世纪起所经历的变迁纷繁复杂，充满矛盾，不仅波及当时的精神生活，也同样牵涉物质领域。而这场变迁的主要动力便源于罗马与希腊化世界的相遇。与其他非希腊民族一样，罗马也被希腊化世界的普世文化所深深吸引。对罗马人而言，希腊的生活方式、希腊的艺术与文学既向自身提出了挑战，又是对自身的充实，同时还是对自身的威胁，诸般认知集于一体。也正是在这般充满矛盾的情形之下，罗马融入了深受希腊熏陶的地中海世界文化。罗马文学的诞生便是其中的例证之一，值得在下文中略述一番。

罗马人最初学习希腊人的文学是出于学校教育与舞台表演所需。李维乌斯·安德罗尼库斯（Livius Andronicus）于第一次布匿战争之后着手翻译《奥德赛》，之后又创作了一些舞台剧，并对希腊悲剧和喜剧进行了修订。尤其是普劳图斯（Plautus，逝世于公元前184年）和泰伦提乌斯（Terenz，逝世于公元前159）这两位喜剧作家得以流传至今的作品，为我们展现了这个时代罗马舞台艺术的生动场景。几乎与此同时也出现了罗马人需要独立创作自己的史诗、撰写自己的史书的呼声，这源于罗马人在国家实力跃升为世界强权的过程中也随之日渐提升的自信与自尊。曾经亲身参与第一次布匿战争的格奈乌斯·奈维乌斯①曾创作了一部以该战争为题材

---

① 格奈乌斯·奈维乌斯（Gnaeus Naevius，前270—前201）：古罗马剧作家和叙事文学作家。他效仿希腊戏剧，创作了一系列喜剧和悲剧，其中喜剧《塔兰托少女》有百余诗行存世，成为奈维乌斯唯一一部可以大体重构的喜剧作品，而他的悲剧作品总共仅有少量诗行留存至今。他的史诗《布匿战争》以古代拉丁语格律写成。作品开篇叙述了第一次布匿战争的经过，之后便

的史诗，名为《布匿战争》（*Bellum Punicum*）。之后，昆图斯·恩纽斯（Quintus Ennius，前 239—前 169）创作了民族史诗《编年史》（*Annales*），同时还给这部史诗配以数部取材于罗马早期历史和当时行军征战的戏剧作品，用以登台演出。罗马的史书最初是针对希腊人而编纂的，意在向后者展示罗马优越的国家与政治制度。但从老加图①（前 234—前 149）起，罗马史学家开始面向罗马读者用拉丁语著史修书。老加图的历史著作《创始记》原本旨在挖掘罗马历史的古意大利源头，而这部史书的当代史部分亦被老加图用以凸显他自己在公元前

---

转而回顾了埃涅阿斯率众人逃离特洛伊、建立罗马城的神话传说，最后这部史诗又交代了其他战事。

　　① 老加图，全名马尔库斯·波尔基乌斯·加图（Marcus Porcius Cato，前 234—前 149），曾为罗马将领和执政官，亦是著名的作家和史家。大约在公元前 217 年，老加图参军入伍，并于三年之后成为军事保民官。公元前 204 年，老加图任财务官，并为大西庇阿效命。公元前 195 年，他被选为执政官，并率军在西班牙成功平叛。公元前 191 年，他参与了抗击安条克三世的战争。另外，作为元老院成员，老加图一直主张必须毁灭迦太基。老加图的主要作品包括《创始记》（*Origines*）和《农业志》（*De agri cultura*）。其中《创始记》记述了自罗马建城直至第二次布匿战争结束的历史，全书共计七卷，但大部分已佚；《农业志》一书旨在勾画古代意大利理想化的农业生产，同时也颇为关注农业生产的经营管理与生财致富之道。

2 世纪的政治斗争中所扮演的角色。为了达此目的，他还在书中引述了自己在元老院和罗马民众前所做的演讲内容。如此一来，文学便成了施加政治影响的载体。总体而言，在这一时期，不论是有关合理的农业生产，还是牵涉医学与哲学，诸般事务都可以在文学作品中得到表达，而这可以称得上是这个时代的一大创造。但这一创造所带来的影响却是充满矛盾的。知识分子的言说论辩向看似理所当然的观点提出了质疑，这不仅涉及现有宗教的基石，也事关罗马统治的合法理据。

希腊人的文化一方面充实了罗马人自身的生活，另一方面也对源自罗马先祖的传统习俗（mosmaiorum）造成了威胁。罗马人为自己的普世权威而自豪，又以拉丁语日益丰富的表达手段而骄傲。但与此同时，罗马人又因深感不安而无法纵情豪迈。这种不安并不只是因为罗马人对于希腊化文明既充满向往又不乏反感，而是有着更为深刻的、涉及经济和社会结构更深层次的根源。这便是罗马危机产生的源头，正是这场危机最终将共和国引向了灭顶之灾。

随着罗马向意大利南部、西西里岛、伊利里亚和希腊的扩张，罗马社会也接触到了希腊化世界发达的以钱币为交换媒介的经济形态。直到引进钱币这一货币形式之后，罗马才形成了对陆海军工建设的多样需求，而罗马在多次战争中的胜利也反过来将数额巨大的赔款与战利品带回了意大利，以用于投资军工生产。在公元前201年至公元前151年间，单是罗马所取得的战争赔款就达到了1.62亿迪纳厄斯（Denar）之巨。至于战利品则会分配给统帅和士兵，而各个行省的总督及其幕僚亦可借机充实自己的财政收入。最为重要的是，资金的流入导致了社会的分化，而其中的受益者便是富人阶层。政治精英从战争和行省管理中获益，谁拥有充裕的农产品、掌握了创造陆海军工生产需求以及接收建筑工程订单的手段，谁就可以获取暴利。由此得到的收益中的大部分又出于各种各样的原因被投入地产之中。拥有地产可以带来社会威望，在订立供货与生产合同之时，国家与个人都要求以地产作为担保。至于元老院成员中拥有地产的阶层自然也希望抓住这一景气的经济形势，来参与有利可图的商贸交易。这样一来，罗马便面临政治利益和经济利益混淆掺杂的危局，于是，公元前218年出台了一部法律，以试图对这种行为加以约束。随之蜂拥而至的便是一大批立法措施，这些措施都旨在拒斥这个正处于变迁之中的社会所可能出现的一切变动，从而来维护罗马的传统准则。

这些法律不仅涉及私人的生活方式，更关乎统治阶层的公共职能，其目的在于，以（理想化的）传统准则为依归，确立起社会平等的标准尺度。在对汉尼拔作战结束之后，大量土地被没收充公，由此出现了土地过剩的现象。公元前180年前后，这些土地被宣布向市场开放，以供有意投资的富人阶层购买。当时政府为耕地与牧场的可购面积规定了（粗略测定的）上限。这项举措的重要性不可低估，因为财产分化往往会极大地推动社会的变迁。数场大战将钱财和奴隶带到了意大利，用以积累土地田产的手段也便由此水到渠成。随着专门化的农业生产出现过剩，一个新的市场便应运而生，但其需求却无法通过自给自足的家庭小农经济得到满足。所有这些条件都有利地促进了大地产的产生。

但这一发展趋势并未对小农经济造成威胁。小农家庭没有感受到大地产主竞争的压力，这是因为他们的农业生产要么仅用于自给，要么只有少部分产品用于供应市场。此外，在汉尼拔战争之后，意大利南部和北部都建立了新的殖民地，老兵也被分配到了新的土地，于是对农民的需求大大增加。但这一移民定居计划在公元前170年前后遂告终止。土地作为一种财产，本身是无法自行增殖的。按照古典时代对农业生产的规定，每个农民可以耕种的土地面积以满足其家庭生计所需为上限，在该农民死后，土地通常会分配给他的后代继承，这样一来，后者便因所拥有土地面积的缩减而面临生计困难的境地。当时的大地产主因生产一些专门的农产品，常常需要在某些季节雇佣劳动力，这可能会给这些陷入困窘的农民带来一些额外收入。尽管如此，由于所拥有土地面积的缩减，这些人群中无法满足服兵役条件的人数仍日益增多，这种势头无法遏制。因此，早在汉尼拔战争期间，为了确保兵源充足，服兵役需达到的财产数量之下限便进行过大幅度下调。在汉尼拔战争结束后最初的数十年中，能服兵役的人口由 214 000 人增至 339 000人。但自公元前 163 年之后，这一数量又出现小幅回落，到了公元前 135 年，能服兵役的人口已经减少了 19000人。因此，不论是在数量上还是在质量上，罗马的扩张霸业都已经完全超出了传统征兵体系所能承受的合理范围。公元前 2 世纪，对希腊化世界诸国以及迦太基（第三次布匿战争）的战事均需动用大量兵力，而这还只是时间跨度有限的战争，更为棘手的是要在意大利北部和西班牙部署常年的驻军。尤其是始于公元前 154 年的旷日持久的西班牙战事，让罗马屡遭败绩，直到公元前133 年方告终结，这更使罗马军队陷入深深的危机之中。

长年驻兵在外，军事失利屡见不鲜，不得已征召入伍的新兵还尚未达到规定年龄的下限，物质激励又匮乏（士兵既没有值得一提的战利品，也无望在意大利获得土地回乡耕作），所有这一切使得军心涣散，于是兴起了反对征兵的抵抗活动。在采取强力措施与安抚补偿受害者之间，政府却摇摆不定、难以抉择。正是在这样的情形之下，格拉古兄弟的改革拉开了帷幕，罗马政治体系的深刻危机也日益显露。

## 从改革维新到内战爆发

公元前 140 年，元老院中曾有一派提议过一项农业改革方案，但后来又将之撤回。数年之后，另一原本与之对立的贵族派别却再度采用了这一方案，他们的代表人物便是家世显赫并于公元前 133 年成为保民官的提比略·格拉古（Tiberius Gracchus）。按照改革计划，公元前 180 年被占用的土地只要面积超过 500 摩根（Morgen）或 1000 摩根的限额，将被没收。充公的土地将被分配给移居落户的农民。当初这项改革的首倡者最终放弃了改革计划，这并不是毫无缘由的。能够被分配的对象甚为有限，充其量也只能满足单次分配的需要。当时的主要问题在于，基于小农生产的征兵体系已经无法与罗马建立世界强权的兵役需求相统一。然而，农业改革的推行者却并不知道该如何应对这一问题。另外，这一改革计划还遭到了负有缴税义务的大地产主的大规模抵制，这也是改革者所未能正确预估的。为了一挫反对者的锋芒，提比略·格拉古在其立法提案中新增一节，以此为——由拥护改革的知名人士所组成的——分配委员会谋取了在出现争端之时行使司法裁判的决定之权。与提比略·格拉古共事的另一位保民官①则对这一改革法案行使了否决权。这样一来，该法案事实上未获通过，但提比略·格拉古并不甘心失败，他通过人民大会罢免了这位与之共事的保民官。而正是这一做法，触动了罗马政治体系的敏感之处。共事之人行使否决权本就是合法手段，元老院常常通过该手段来否决罗马高官不为众人所喜的倡议。现在的情况则显示，保民官可以通过平民大会来反对元老院。于是，贵族共和的体制便受到了质疑。

---

① 即马库斯·屋大维（Marcus Octavius），提比略·格拉古之友，与他同为公元前 133 年的平民保民官。当格拉古提出颇具革命性的农业法议案时，在受此法案波及的大地主的迫使之下，同为该阶层的马库斯·屋大维否决了这一提案。

在备受争议的农业法得到通过之后，提比略·格拉古绕过元老院，下令将阿塔罗斯王朝赠予罗马的遗产用于为农业改革提供资金支持，最后他还一反常规，试图谋求连任保民官。在如此紧张的情势之下，元老院最终诉诸武力——提比略·格拉古遭到杀害。为了追究其他幸存下来的改革拥护者，元老院还设立了一个特别法庭对他们进行审判。农业法被保留了下来，但在罗马盟邦的施压之下，农业委员会的司法裁判权遭到了剥夺。这样一来，土地分配便在事实上陷于停滞。但无论如何，这本身就收效甚微。公元前 131 年 / 前 130 年的罗马公民财产普查显示，当时的公民人数仅增加了 900 人左右。最终让可服兵役人口大幅提升的并不是通过农业改革，而是下调服兵役所需财产下限这一手段。在公元前 125 年 / 前 124 年，公民人口增加了 76 000 人左右。

虽然农业改革失败了，但改革派却并没有放弃。因为首次改革的失败与罗马盟邦的特殊地位尤为相关，所以必须简化意大利复杂的政治架构，并使得盟邦民众成为拥有选举权的罗马公民。另外，考虑到提比略·格拉古没能成功连任保民官一职，因此必须在法律层面上为实现连任创造可能。于是，提比略·格拉古所设的农业委员会成员提出了一系列与此相应的立法倡议，以实现上述目标，但最终仍遭到挫败。尽管如此，到了公元前123年，提比略·格拉古的弟弟盖乌斯·格拉古依然被选为保民官，他也由此开始重启改革，并将之进一步推广。这次改革的推行是经过深思熟虑的，在这期间不仅兼顾了各方的政治诉求，同时也确保了权力的稳固。立法提议有一部分内容旨在保证改革派的人身安全，同时还考虑到扩大改革拥护基础的问题。最后，原有农业改革措施在进行调整之后，还被重新纳入法案之中。

盖乌斯·格拉古在改革中试图寻求各方面的盟友，这包括罗马城的民众、在百人团大会中（与元老院成员一起）组成骑士百人团（centuriaeequitum）的富裕阶层以及意大利的各个盟邦。罗马城民众所关切的是粮食供应的津贴补助，而在各个盟邦中，拉丁人要求获得罗马的公民权，剩余的其他盟邦则希望享有人民大会的投票权。至于骑士则被单列为一个等级，他们被允诺可以获得亚细亚行省的包税权。当然，最为重要的是，骑士阶层也被允许担任法官一职（在此之前，法官之职为元老院成员所垄断）。为了审理控告元老在担任行省总督时敲诈盘剥的案件，改革者建议增设一个刑事法庭，该法庭的法官只能由骑士阶层担任。最后，与农业改革相关的是，由提比略·格拉古倡议的土地分配方案因为收效甚微而在事实上遭到弃用，取而代之的是在意大利，特别是在阿非利加设立殖民地的方案。为此，需要重建迦太基城，以作为罗马的殖民地。

这一立法提案本身隐含着对现有体制的巨大冲击，它将元老院和骑士阶层对立起来，并策动在人民大会中建立起新的多数派，另外，它还试图将罗马公民的居住地扩展到一个海外行省。最为重要的是，立法改革意在削弱元老院，并确保改革者对整个国家的控制。这样一来，盖乌斯·格拉古便挑起了权力之争。本来若要确保关乎根本的改革举措得到贯彻，就必须走寻求共识的路径，但格拉古却选择了对抗。正是在这样的情势下，格拉古最终遭到失败。

以蛊惑人心的宣传对盖乌斯·格拉古进行打击，这正是元老院多数派所擅长的。针对格拉古在阿非利加建立殖民地的倡议，元老院针锋相对地提出了在意大利进行全面殖民的方案。这一方案本身并无根基，却理所当然地更能受到人们的欢迎。至于盟邦的投票权问题，只要唤起罗马公民的利己之心便足以解决。于是，人民大会最终拒绝支持盖乌斯·格拉古。为了捍卫他的维新大业，一场与元老院的冲突最终爆发，盖乌斯·格拉古便在这场冲突中丧生。

于是，元老院中坚守传统秩序的所谓贵族派击败了试图借人民大会之力改革传统的平民派势力，但他们却并未解决后者所提出的各个现实问题。元老院与骑士阶层的对立矛盾、罗马盟邦民众的权利问题以及恢复殖民的问题，依然是罗马政治的日常议题。随着军事挑战的加剧，这些问题更是产生了令人始料未及的爆炸性效果。当时贵族派在对努米底亚国王朱古达①的战争中失利(前

---

　　① 朱古达 (Jugurtha，前 160—前 104)：马西尼萨之子米奇普萨 (Micipsa) 的养子。与米奇普萨的两位嫡子希耶姆普萨尔 (Hiempsal) 和阿德盖巴尔 (Adherbal) 相比，朱古达颇得民心。因此，米奇普萨不得不将朱古达派往西班牙，让他在罗马人的军中服役。在此期间，朱古达结识了不少有权有势的罗马人，并洞悉了他们腐化堕落的弱点。公元前 118 年，米奇普萨逝世，努米比亚的王位争端爆发。朱古达派人暗杀了希耶姆普萨尔，但阿德盖巴尔得以逃脱。公元前 116 年，罗马同意努米比亚一分为二，各由朱古达和阿德盖巴尔统治。由于当时的努米比亚王国是罗马仆从国，作为臣属国的庇护者，罗马本应维护努米比亚的合法继承者阿德盖巴尔，但朱古达在此之前早已收买了大部分罗马权贵，因此凡是不利于朱古达的决定均无法在元老院通过。然而，朱古达并没有就此罢休。公元前 112 年，他派兵进攻阿德盖巴尔，并在得胜后大开杀戒，阿德盖巴尔和首都所有的男性民众无一幸免。另外，还有一些罗马商人丧命于这场大屠杀中，于是元老院不得不决定干涉。公元前 111 年，朱古达战争爆发，但直到公元前 109 年，罗马都未取得决定性的胜利，其中朱古达对罗马高官和将领的行贿收买也发挥了重要作用。在公元前 109 年罗马军队大

112—前105），又在与日耳曼游牧民族辛布里人和条顿人①的战事中告负（前113—前101），这引起了民众的巨大不满，于是他们推举盖乌斯·马略（C. Marius）来领导国家。马略结束了以上两场战争并得胜而归。他从征兵体系的危机中汲取教训，将大量无产者纳入麾下。作为报偿，这些农村出身的贫苦农民自然希望能够分得

---

败之后，受贿官员被送审判刑。公元前107年，盖乌斯·马略重整大军，强化骑兵，并由此逐步在战争中取得了优势。后来，朱古达在连遭败绩之后投奔岳父毛里塔尼亚国王波库斯（Bocchus）。公元前105年，马略的部下苏拉巧妙地与波库斯达成协议，后者同意交出朱古达。最后，朱古达在罗马被处死。

① 辛布里人（Kimbern）和条顿人（Teutonen）最初很可能居住于日德兰半岛。公元前120年左右，这两个日耳曼部族和阿姆布隆人（Ambronen）一道开始向南迁移。公元前113年，他们在今奥地利的施泰尔马克州（Steiermark）遭遇罗马军队。统兵作战的执政官格奈乌斯·帕皮里乌斯·卡尔波（Gnaeus Papirius Carbo）为了阻止日耳曼人进军罗马，便封锁了阿尔卑斯山的关隘。当时罗马人试图将日耳曼部族诱入陷阱，以便设伏袭击，但最终反被日耳曼人击溃。之后，日耳曼人又向高卢进军，并先后于前109年、前107年和前105年屡败罗马军队。在历经数年的迁移之后，大队人马向西抵达伊比利亚半岛，在这里辛布里人和条顿人与阿姆布隆人分道扬镳，前者从北部前往意大利，而后两者则自西进入意大利。公元前102年，条顿人和阿姆布隆人在今普罗旺斯地区被马略击败。一年后，辛布里人在波河平原也难逃败北的命运。

属于自己的耕地。他们的利益代言人便是统领他们的将领，后者同时也借此赢得了自己的拥护者，因为这些征入军中的贫民有能力也有意愿以暴力的方式去支持他们的将领和实现他们自身的利益。于是在政治层面上，军队将领和保民官结成同盟的前景日益显现出来。

这一同盟最终得以成型是在卢基乌斯·阿普列尤斯·萨图尔尼努斯（Lucius Appuleius Saturninus）的第一届和第二届保民官任期（前 103 和前 100）。公元前103 年的移民法规定，参与朱古达战争的退役老兵每人都可以获得位于阿非利加行省、面积为 100 摩根的土地。在对辛布里人和条顿人的战争获胜之后，公元前 100 年颁布的法律又进一步计划在西西里岛、希腊、马其顿乃至亚细亚建立殖民地。此外，该法律还授权马略将一定数量的罗马盟邦老兵分别派往各个殖民地定居。这么做就是为了通过在海外行省建立殖民地的方式从外部来解决兵源供应和盟邦权利的问题。然而，格拉古时代各个阵营互相对立的局面又再度出现。随着暴力的不断升级，马略亦为自己的改革勇气而深感恐惧，于是他出卖了自己的盟友。最终，萨图尔尼努斯及众多拥护者均不幸丧生。

一些明白事理的贵族派最后终于认识到，一味地拒绝改革绝非应对时局挑战的良策。他们之中的领袖便是马尔库斯·李维乌斯·德鲁苏斯（Marcus Livius Drusus）。他在当选保民官之后便计划采取折中的办法，让各方既有所失又有所得。按照他的想法，被罗马盟邦所占据的国土应当分配给贫穷的公民，与此同时，各个盟邦的民众也应获得罗马的公民权。另外，他向元老院承诺，后者将重新获得对法官职位的垄断之权，作为补偿，骑士阶层也将取得 300 个在元老院中的席位。然而，这一计划最终亦归于失败。单是在李维乌斯·德鲁苏斯自己的阵营内部就出现了激烈的反对之声。在人民大会最终做出决定之前，德鲁苏斯便遭人谋杀。

一场针对改革拥护者的内部政治清算由此展开。然而，一波未平一波又起，罗马的各个盟邦亦举起了反对罗马的大旗（前 91—前 89）。单凭军事手段并不能镇压这场起义。直到罗马同意赋予盟邦民众公民之权后，起义的怒火才得以平息。但是按照计划，新增的公民仅被分配到 35 个投票部落①中的 8 个部落之中，于是，这一

_____

① 罗马王政和共和时代的投票部落（Tribus）是对罗马公民进行划分的单位，每一位罗马公民都必须在某一个部落中入籍。此外，人口与财产普查以及军费征收也以部落为单位进行。人民大会（Comitia Populi Tributa）和平民大会（Concilium Plebis）便是在投票部落的基础上召开的，其中前者包括平民和贵族，而后者则

解决盟邦权利问题的方案随即遭到了政治上的质疑。时任保民官的普布利乌斯·苏尔皮基乌斯·鲁弗斯（Publius Sulpicius Rufus）便是这一方案的反对者。公元前88年，他提出立法提案，主张把新增公民分派到所有35个投票部落中去。为了确保得到多数人的支持，他和盖乌斯·马略结成同盟。为了回报后者的支持，他向马略许诺为之谋取最高指挥大权，以领兵参加迫在眉睫的与米特里达梯六世的战争。当时已经在坎帕尼亚集结大军、时任执政官的卢基乌斯·科尔内利乌斯·苏拉却被剥夺了指挥权。于是，苏拉亲率大军开进罗马，他宣布其反对者不受法律保护，人人可以得而诛之，并废止了他们之前所颁布的一系列措施。

　　随着这场冲突的升级，罗马的内部纷争愈演愈烈。一位将领打着实现共同利益的旗号宣布起兵谋反。苏拉并不愿放弃自己名利双收的前程，而他的士兵也不想将自己有望获得的农村耕地拱手交出。于是，罗马进入了内战时期。

---

仅限于平民参加，并由平民保民官主持大会。根据古代传说，罗马最初有三个部落，这一时期的部落可能同时还是军事作战单位。在王政时代，三大部落的划分转变成了按照居住地区而分出的4个城市部落（tribus urbanae）和17个乡村部落（tribus rusticae），后来乡村部落又增至31个，如此便形成了35个投票部落的格局。

趁着苏拉率军东征之机，马略和他的拥护者一道强占了政府大权。新政权宣布苏拉不受法律保护，人人皆可诛之，并贯彻苏尔皮基乌斯的提议，将新增的公民分配到 35 个投票部落之中。此外，新政府还让城市贵族中的骑士阶层获得元老院的席位。这样一来，马略党人便在意大利为自己的政权打下了广泛的基础，但他们采取这一行动的同时其实也冒着得罪元老院老派贵族的风险。当苏拉于公元前 83 年班师回国、重返意大利时，这一矛盾便酿成了一场灾难性的内战。最终，苏拉在这场战争中得胜，他命人授予自己独裁官的称号，并下令所有与他为敌的知名人士与富豪必须在公元前 83 年的某个最后期限之前脱离敌方阵营，逾期仍未归附之人均遭到了肃清，而他们的财产亦被没收。至于曾经抵抗过苏拉的意大利城邦也被剥夺了领土。通过这种方式，苏拉便得以将老兵迁居至殖民地，并借助财产的重新分配来犒赏自己的支持者以及为自己所宠信之人。于是，意大利半岛殖民的重启以及大量财产的积累便是以国内政敌受惩为代价而得以实现的，但外敌并未因此有丝毫的损失。苏拉当时的目标在于，重新巩固元老院摇摇欲坠的权威。为此，他清除反对派，犒劳支持者，还设立殖民地以供老兵移居，并使这些遍布意大利的殖民地形成一个要塞网络。但仅靠这些手段还是不足以完全实现苏拉的目标，因为自格拉古兄弟的改革运动起，元老院的威权便遭到了动摇，因此，还需通过立法途径来维护元老院的统治。于是，苏拉让骑士阶层进入元老院，从而使得元老院的席位扩充到 600 人。与此同时，他又剥夺了骑士阶层担任法官的权力，由此苏拉便贯彻了当年李维乌斯·德鲁苏斯的一大改革举措。真正由苏拉首创的政策乃是对保民官权力的剥夺，因为对元老院权威的威胁正是来源于保民官这个职位。根据新政，由保民官提出的立法倡议必须经过元老院的同意，而已任保民官之人则不得谋求担任其他地位更高的官职。此外，苏拉还对刑事裁判权进行改革，主要是出于避免暴力的考量，因为在当时的罗马，因政治斗争而起的暴力事端屡见不鲜。

这样一来，元老院获得对立法程序的掌控，在恢复对法官职位的垄断地位之后，元老院就可以维护内部和平，并行使对各省总督履职的监督之权。此外，鉴于新增公民已经被分派到了所有的投票部落之中，苏拉再也没有对此提出过质疑，而这正是他的聪明之处。由此，意大利半岛的政治架构问题最终得到了解决，整个半岛都成了罗马的公民区，及至北方的波河。

由苏拉确立的新制度使得元老院的权势在表面上看

来显得空前强大，然而仅仅不到十年，这一秩序便分崩离析。这主要有三个原因。第一，苏拉时代之后的元老院贵族既不愿也无力来维持拜苏拉所赐的地位。第二，对于他的政敌，苏拉不分青红皂白都予以一网打尽，他们遭到肃清，财产亦被没收，这则为反对势力的壮大埋下了伏笔，甚至苏拉暴力变革的受益者也毫不犹豫地利用反对苏拉的浩大声势为己所用。第三，剥夺保民官权力这一措施不得民心，因为这违背了传统准则。于是，以平民为主体的反对派便将主要的攻击点放在恢复保民官权力上。在格奈乌斯·庞培（Gnaeus Pompeius）与马尔库斯·李锡尼·克拉苏（Marcus Crassus）共同执政的公元前 70 年，这两位执政官废除了苏拉体系的各大制度基础。保民官的权力得到了恢复，而骑士阶层也得以重新跻身法官的行列。

克拉苏曾从苏拉的大清洗中获益颇多，并由此拥有了万贯家财。庞培曾效力于苏拉军中，当时他并无一官半职，苏拉却命他领兵征战。在苏拉离任去世之后，庞培剿灭了马略党人在西班牙的顽强抵抗力量，并和克拉苏一同镇压了意大利的斯巴达克起义。两人都希望通过谋求恢复保民官权力来为自己挣得政治上的权势，但只有庞培如其所愿地达到了自己的目的。作为一位富有组织能力的将领，他与重新恢复权力的保民官结成同盟，以获取军权来统兵剿灭长期困扰罗马的海盗，并设法结束始于公元前 74 年的与本都国王米特里达梯六世之间的战争。庞培在这两个军事活动中都取得了决定性的胜利。到了公元前 63 年，整个东方的新秩序已经建立。但在罗马，这位常胜将军却面临着一个棘手的政治问题：他必须贯彻自己的各项主张，从而让他的老兵分配到土地，并使得他在东方采取的措施得以通过。在意大利，土地购置威胁着现有的所有权关系。东方的新制度一旦得到确认，那么因此而受益的众人定然会向庞培效忠，而他也会由此成为罗马帝国最有权势之人。于是，当时人们普遍担心庞培会借自己统率大军之利效法苏拉，打压元老院意料之中的反对呼声，从而强行贯彻他分配土地的主张，并让他在东部建立的新秩序得到执行。然而，庞培却遣散了他的士兵，他无力应对元老院对自己议案的阻挠。

在这一窘迫的形势下，庞培选择与马尔库斯·克拉苏和盖乌斯·尤利乌斯·恺撒结盟。恺撒出身于一个古老的贵族世家，他的家族与马略曾是姻亲。在反对苏拉体制的运动中，恺撒获得了民众的拥戴，由此扶摇直上。公元前 59 年，恺撒参与竞选执政官这一最高官职，而他也正在寻找盟友以对抗元老院中的守旧贵族势力。正是他使庞培与克拉苏达成了一致。三位盟友私下约定，庞培的老兵将获分土地，而他在东方的一系列举措也将得到批准。在一项涉及基本原则的附加条款中，他们同意任何一方均不得侵犯他方的利益。组成这一同盟的三方：一个最有权势，一个最为富有，另一个则最具政治才干，而这三巨头同盟的形成，便成了罗马历史上最为重要的事件之一，因为它开启了共和国灭亡的进程。

身为执政官的恺撒以暴力手段强行镇压了元老院对立法提案的反对。两项农业法律得以通过，其中一项法案计划对坎帕尼亚的国有土地进行分配，而另一项则涉及进一步在意大利购置土地。除了退伍士兵之外，贫困公民亦得到了照顾。而庞培在东方所下达的所有命令也同样得到了人民大会的通过。最后，恺撒还通过一项保民官法获得了时效五年的特设军权。这一权限的适用区域包括意大利北部与伊利里库姆在内，后者即达尔马提亚的沿海地带。此外，南起地中海沿岸、北至日内瓦湖的山北高卢也被列入其中。这是因为当时人们估计罗马在巴尔干半岛和高卢地区都有可能会被卷入战争之中。在喀尔巴阡山脉地带，达契亚人①不断扩张，意欲建立

---

① 达契亚人与色雷斯人有着亲缘关系，前者自公元前5

帝国。而在高卢，民族迁移使得这个罗马行省的前沿地带动荡不安。与罗马结盟的埃杜依人[1]（主要活动在今欧坦[2]附近）因此遭受威胁，于是他们向元老院提出请求，

---

世纪起在黑海以西地区定居。公元前50年左右，布雷比斯塔（Burebista）统一了达契亚诸国，建立了一个以今罗马尼亚的特兰西瓦尼亚为中心的国家。这个达契亚人的国家西达今捷克的摩拉维亚，东抵黑海与今乌克兰的南布格河，南至巴尔干群山。在公元前44年布雷比斯塔被谋杀之后，他的帝国一分为五。后来，达契亚人曾与马克·安东尼结盟。公元前16年，达契亚人乘多瑙河冰封之际入侵潘诺尼亚行省，但被奥古斯都皇帝击溃，并向罗马称臣。

[1] 埃杜依人（Haduer）：高卢最大的凯尔特部族，在盖乌斯·尤利乌斯·恺撒之前，该部族就已经归附罗马，并被誉为罗马人的同胞兄弟。公元前63年，埃杜依人在马格托布利加战役中被其世仇塞广尼人（Sequaner）击败，并惨遭屠杀。公元前58年，恺撒来到高卢，恢复了埃杜依人的独立地位。之后，埃杜依人却加入了抗击恺撒的高卢联盟之中。公元前52年，联盟在阿莱西亚战役中被恺撒击败，埃杜依人重新归附罗马。公元前10年，奥古斯都下令在阿格里帕大道（Via Agrippa）和阿鲁河（Arroux）相交之处按照罗马城市的形制建立奥古斯托都努姆（Augustodunum，意为"奥古斯都堡"），并将埃杜依人从旧都迁往此城。21年，埃杜依人再度反叛罗马，但很快便被镇压。在克劳狄皇帝时期，埃杜依人成为首批获准进入元老院阶层的高卢人。

[2] 欧坦（Autun）：法国索恩-卢瓦尔省城市，古称奥古斯托都努姆（Augustodunum）。今尚存不少罗马时代的旧迹，比如两座罗马古城门、雅努斯神庙以及罗马半圆形剧场遗址，此外现有的欧坦古城墙亦建于罗马旧基之上。

后者决定授权相关各省总督采取必要措施，以保护罗马的盟友。

虽然当时的形势尚不明朗，但这却成为将涵盖广泛的特设军权授予恺撒的借口。事实上，通过这一授权，分布于意大利近旁的罗马盟友取得了大军的支持。同时，恺撒也借此得以通过战争的手段为自己谋取权力、影响与财富。毫无疑问，这些正是恺撒所需的。由于惯常的费用开支，有人大肆指控恺撒贿赂选民。此外，他在任期间在元老院亦树敌甚多。因此，恺撒受获特设军权实际上是对他巨大投入的一种补偿。但他利用这一特权所取得的功业，却令他的死敌和盟友始料未及。在八年之中，恺撒征服高卢，从而将罗马的疆界推进到莱茵河沿岸。此外，他的大军在远征中亦收获了丰厚的战利品。大量的奴隶被变卖，神庙圣所的黄金被洗劫一空，以至于罗马的金价因供过于求而下跌。恺撒的作战手法遭到抨击，在元老院甚至有人要求将他交予日耳曼部族，对他进行严惩，因为他违反当时的国际惯例，向这些部族发动突然进攻。虽然这一要求并未实现，但元老院中恺撒的死敌决心抓住任何时机将之置于死地。

到了公元前 56 年春，企图追究恺撒之责的势头愈演愈烈，以至于他不得不开始担忧三巨头同盟是否会最终解体。于是，他反其道而行之，在卢卡重新巩固他与克拉苏和庞培的同盟关系，后两位得到了执政官的头衔，而保民官所提议的一系列立法则使三位巨头得以掌控罗马帝国最为重要的几大行省：恺撒获得山南与山北高卢以及伊利里亚，克拉苏与庞培则分别执掌叙利亚和西班牙。自公元前 57 年起，庞培便全权负责保障对罗马的粮食供应。时任保民官的普布利乌斯·克洛狄乌斯·普尔喀（Publius Clodius Pulcher）以城市居民为后盾，倡议应向平民免费供应粮食，由此罗马的政局一度极度震荡。但与这一善举首倡者的意愿形成鲜明对立的是，庞培牢牢地控制了罗马城物资供应的关键环节。总而言之，罗马最为重要的力量源头均在三巨头的掌控之中，由此他们自然也在罗马城的政事上享有最后的发言权。

自公元前 54 年起，罗马城出现了表面上的权力真空，为了结束由此产生的无政府状态①，元老院于公元

①　由恺撒、克拉苏和庞培所组成的三巨头同盟遭到小加图（Marcus Porcius Cato）和卢基乌斯·多米提乌斯·阿赫诺巴布斯（Lucius Domitius Ahenobarbus）的强烈抵制，他们设法参选官职，以抗衡三巨头的大权。公元前 54 年，阿赫诺巴布斯和小加图分别当选执政官和裁判官。当年，两大政治势力便在次年裁判官候选人的问题上争执不下。四位来自不同阵营的候选人斗得热火朝天，为了能够最终当选，他们不惜借贷巨资以组织竞选、贿赂选民，

前52年任命庞培为不设共治者的唯一执政官①。这样一来，庞培获得了他梦寐以求的来自贵族派一方的支持，而从另一个角度看，这也为贵族派分化原有的三巨头同盟创造了机会。恺撒军功卓著，在罗马城又凭借裙带关系和收买笼络获得巨大的影响力，这使得庞培对自身的优势地位忧心忡忡。至于同盟中的第三人克拉苏则在公

---

而这甚至造成了罗马城的利率陡增。此外，其中的三位候选人还被控贿选。于是，罗马便出现了既无执政官又无其他官员的局面。后来元老院授予庞培特权以举行选举，但新当选的前53年执政官却无力控制罗马城内的骚乱，亦没能组织次年的选举。于是在他们卸任之后，罗马于公元前52年又形成权力真空，并再度发生严重骚乱。

    ① 最迟自公元前367年起，罗马便设有两位共治的执政官，两者地位平等，任期均为一年，并在前一年选举产生。如果其中一位在任者亡故，那么理论上另一位执政官便有义务安排补选事宜以补足官职的出缺。由于执政官可以酌情决定何时开始选举，因此特别是当一年任期即将结束之时，补选不会举行。这时，剩下的那位执政官单独任职直至任期结束。这种仅有一位执政官在任的情况是由其他意外事件所造成的，而非罗马相关制度设计及选举程序的本意。在制度和程序层面上允许一人专任唯一的执政官（Consul sine collega）而不设共治者的做法，其实是严重违反罗马共和国传统的分权制衡原则的。真正打破这一原则的历史事件便是庞培于公元前52年被任命为当年唯一的执政官。直到七个月之后，才又产生了另一位名为梅特卢斯·西庇阿（Metellus Scipio）的执政官与庞培共治。

元前 53 年领兵征伐帕提亚时丧身。于是，在庞培和恺撒这两位敌手之间便再无可以居中调停之人。恺撒本欲命人将自己选为公元前 48 年的执政官。但根据当时的规定，恺撒不得不避免本人亲自在罗马参与竞选。因为一旦他以私人身份出现，便意味着他可以在法庭上被追究法律责任，而他的敌人毫无疑问就会抓住这一机会控告他的违法行为。因此，恺撒通过保民官的立法提议为自己谋取可以缺席参与竞选的特权。当时他还盘算着希望能够保有在高卢的军事指挥权直到他第二次执政官任期开始。然而在庞培的支持下，恺撒的计划被其敌人所挫败。公元前 49 年初，恺撒被撤职。作为回应，他率军进入意大利。内战就此开始。

恺撒一方装备精良，而其对手则尚未武装起来，但后者的兵源更为充足。大概是为了不让庞培获得足够的时间以动员颇具优势的兵力，恺撒选择了闪电战这一作战策略。在恺撒的逼迫下，庞培撤出了意大利，并渡过亚得里亚海逃往东方。之后，恺撒首先征服了西班牙，然后便率兵东进以寻求与庞培一决胜负。尽管险些落败，但恺撒最终于公元前 48 年在色雷斯的法萨卢斯（Pharsalos）附近取得了决定性的胜利。在东方略作停留之后，这位胜利者于公元前 47 年秋返回意大利。

虽然恺撒击败了庞培，但共和派的抵抗运动却并未平息。北非再度集结起一支新的军队。公元前46年春，恺撒率军在塔普苏斯①附近剿灭了这支军队。之后，共和派的反抗运动转移到西班牙，而在那里的战事进展得却甚为艰难。公元前45年春，恺撒最终在蒙达附近取得战争的胜利②，但也为此付出了巨大的代价。尽管如此，内战仍然未告终结。反对者再度于叙利亚集结。于是，恺撒计划亲率大军东征，以彻底结束这场内战，并让内

————————

① 塔普苏斯（Thapsus）：古典时代位于北非地中海沿岸的一座城市，曾为腓尼基人的商埠，在第三次布匿战争之后，塔普苏斯被纳入罗马的阿非利加行省。公元前46年，庞培的拥护者梅特卢斯·西庇阿和努米底亚国王朱巴一世的联军在塔普苏斯附近与恺撒所率大军对战。通过这场战争，恺撒控制了对罗马粮食供应而言至关重要的阿非利加行省，并吞并了努米底亚王国。

② 在这场发生在西班牙南部蒙达平原上的战争中，与恺撒对垒的是曾为之效力但在内战之后却倒向庞培的提图斯·拉比埃努斯（Titus Labienus）与庞培的长子格奈乌斯·庞培（Gnaeus Pompeius）。提图斯·拉比埃努斯在战争中丧生，而格奈乌斯·庞培以及庞培的幼子塞克斯图斯·庞培（Sextus Pompeius）得以逃脱。在蒙达战役之后，恺撒率兵讨伐西班牙仍忠于共和派的其他地区，并摧毁了他认为可能藏匿庞培两个儿子的城市。最终格奈乌斯·庞培在被捕后遭到处决。塞克斯图斯·庞培则顺利逃脱，并在地中海西部养精蓄锐，后又与恺撒的继承者屋大维为敌。直到公元前36年，塞克斯图斯·庞培才最终被屋大维麾下大将马尔库斯·阿格里帕彻底击败。

战在征讨外敌①的胜利荣光面前黯然失色。然而，反对恺撒的阵营并不只有全副武装的叛军。在恺撒得以挥师东进之前，他便于公元前44年3月15日在罗马的一场暗杀中丧身。

## 从恺撒的独裁到奥古斯都的元首制

恺撒之所以诉诸武力是因为——正如他自己所说的那样——他要维护自己的地位与在公众中的影响力。他可能并无意于对国家进行系统的重新改造，因为若要达此目的，则需突破务实渐进改革的惯常框架，超越仅为巩固权力之用的常规措施。而恺撒的所作所为，却只是为了给他的拥护者谋取福利：坦斯帕达纳人——生活在波河和阿尔卑斯山山麓之间的山南高卢地区居民——获得罗马公民权，老兵们应当获分耕地、解甲归田，而知名的追随者应当得到官职与元老院席位以作为对他支持的回报。恺撒没有重蹈苏拉的覆辙。他几乎从未宣布

---

① 恺撒当时计划先征达契亚，后伐帕提亚。当时帕提亚人入侵叙利亚，并支持叛逃到那里的庞培势力再度挑起内战。如果恺撒在这两场重大的外战中获胜，那么其威望更将达到空前的高度，这或许是反对派选择在恺撒出征之前将之暗杀的原因。

他人不受法律保护、人人皆可诛之，也鲜有没收他人财产的举动。同时，为了实现和解，恺撒也乐意赦免反对自己的人。但另一方面，他也拒绝用自己手中已得的权力来重建罗马的传统秩序。恰恰相反的是，在战胜了阿非利加的共和派之后，除了其他各种荣誉之外，恺撒还获任期限长达十年的独裁官之职。从西班牙凯旋之后，他甚至获得了终身独裁官的头衔。尽管对国王的头衔予以明确拒绝，但当恺撒出现在公共场合时，他在衣着、形象上都效仿古代罗马诸王。此外，对他个人的拔高崇拜也日渐显露。恺撒贪恋权位的意图是显而易见的，而他也试图为自己独揽大权找到合法的形式。

恺撒所任的独裁官一职集各大权力于一身，这样就规避了选战与特设军权，也限制了罗马将领动用帝国军队与资源发动内战的可能，从而使得世界免受战火的侵袭。这一因紧急状态而生的独裁统治被证明是避免权力斗争与内战的有效手段。而恺撒所大力推进的海外殖民也显示，社会职能的实现亦取决于内部权力斗争是否能够得以避免。恺撒也深知，他的统治与一大批追随者的利益和忠诚休戚相关，也正因为如此，如果他被暗杀，那么罗马以及意大利将会再度陷入一场规模空前的内战之中。或许正是出于这样的信念，恺撒认为自己并无人身安全之虞。但另一方面，他也清楚自己树敌甚多。恺撒全然无意于**恢复元老院的威权**，这让所有对他抱有期待之人倍感失望。于是，反对派开始密谋，而这一针对恺撒的谋反之举更是牵涉不少他原来的忠实追随者。

密谋的牵头人马尔库斯·布鲁图斯[①]认为，翦除这位独裁者可以再造自由，而承认由恺撒所创立的各项权利，便可以避免内战。但他的盘算最终并未如愿实现。恺撒著名的追随者马克·安东尼很快就将谋害恺撒之人

---

① 马尔库斯·布鲁图斯（Marcus Brutus，前85—前42），出身世家名门，先祖为卢基乌斯·尤尼乌斯·布鲁图斯（Lucius Iunius Brutus），是传说中结束罗马王政时代的重要人物之一，并为共和国时代的首任执政官。马尔库斯·布鲁图斯为共和派成员，曾与由克拉苏、庞培和恺撒所组成的前三巨头同盟为敌。当庞培于公元前53年与恺撒分道扬镳之后，布鲁图斯宣布与和他有杀父之仇的庞培和解，共同对付恺撒。在庞培落败之后，布鲁图斯致信恺撒恳求谅解。恺撒不计前嫌，甚至将之视为最可信的密友之一。公元前46年至前45年，布鲁图斯受恺撒之命担任山南高卢总督。公元前44年，布鲁图斯获任罗马城裁判官（praetor urbanus），后又被恺撒指定为公元前41年的执政官。当恺撒于公元前44年获得终身独裁官的头衔之后，原本颇受他眷顾的布鲁图斯立场急转，与好友盖乌斯·卡西乌斯·朗基努斯（Gaius Cassius Longinus，前85之前—前42）一起纠集了80名左右的元老与骑士，密谋铲除这位"暴君"。

排除出决策层①。但恺撒的甥外孙屋大维很快就成了安东尼危险的对手。在屋大维十九岁时，恺撒立下遗嘱，将这位年轻人列为第一继承人，按照当时的习俗，恺撒亦将他的名字赐予屋大维。屋大维接受了恺撒的遗赠，并由此陷入了与执政官马克·安东尼的冲突之中，因为当时后者已将恺撒的遗产据为己有。此后，冲突日渐升级。这位恺撒的继承人将众多恺撒党人的忠诚与利益都汇集到他自己身上。后来马克·安东尼违背元老院多数人的意志，企图侵占山南高卢，在此之前他曾通过人民大会法案（Volksgesetz）获得了对山南高卢为期五年的

---

① 在恺撒被弑的两天后，由马克·安东尼召开的元老院会议最终达成妥协，宣布赦免暗杀恺撒之人，但同时所有恺撒的人事安排亦保持不变。此举可谓一箭双雕，一方面这样可以避免因恺撒被杀而导致政府大规模重组，因为一旦将暗杀恺撒视为正义之举，那么就意味着恺撒将被认定为暴君，在这一前提之下，他生前的一切举措和任命都将归于无效，于是重新选举势在必行，而这正是众多身为既得利益者的元老所不愿看到的，因为他们现有的权势与将来的仕途均拜恺撒所赐；另一方面，马克·安东尼又借此轻而易举地挫败了密谋者企图以再造共和之功臣自居而趁势夺权的目的。在恺撒的葬礼之上，安东尼公开宣读了他的遗嘱。根据恺撒的遗愿，每位罗马公民都将得到一定金额的赠礼。葬礼之后，密谋者的宅邸遭到暴民的攻击。马尔库斯·布鲁图斯不得不退避坎帕尼亚。为了逃避起诉，他最终于公元前44年8月末逃往东方。盖乌斯·卡西乌斯亦离开意大利，前往叙利亚。

管辖之权①。于是，屋大维的时机来了。他从其舅公的老兵中招募了一支私人军队，并用封官许愿的办法将两个常规军团纳入自己的麾下。这一举动已然犯了叛逆之罪。但屋大维所需要的就是让自己妄称的指挥权合法化，于是他寻求与元老院结成同盟。居中牵线之责便落到了马尔库斯·西塞罗身上。

西塞罗曾于公元前 63 年任执政官，并镇压了由喀提林②主谋的反叛行动。他是古典时代最伟大的演说家之一，同时又是一位富有哲思的作家，但在国家大政上，他却并没有获得本该与自己超凡天才相配的影响力。西塞罗对传统秩序满怀敬意，在恺撒被弑之后，他成为重

---

① 在罗马共和国时期，执政官卸任之后往往会前往某一行省担任资深执政官，负责管辖当地。马克·安东尼在其执政官任期届满之后要求统辖高卢行省。

② 卢基乌斯·塞尔吉乌斯·喀提林（Lucius Sergius Catilina，前108—前62）：出身于没落的贵族世家，后投靠苏拉，曾于公元前67年任裁判官，卸任后赴阿非利加行省任资深裁判官。喀提林野心勃勃，试图竞选执政官。公元前65年／前64年，喀提林因被控在阿非利加盘剥搜刮民脂民膏而无法参选。公元前63年，喀提林在竞选中败给西塞罗。于是，他便开始密谋以暴力手段篡夺大权。后来喀提林的阴谋败露，他被迫离开罗马城，并被宣布为人民公敌。公元前62年，喀提林在比斯多利（Pistoria）战役中丧生。

建传统秩序的开路先锋。在元老院，西塞罗为恺撒年轻的继承人以及恺撒的暗杀者获取了特设军权。公元前43年，马尔库斯·布鲁图斯与盖乌斯·卡西乌斯凭借自身之力为共和国夺回了整个帝国东方①。在这一年的春天，西塞罗似乎胜利在望。当时，安东尼在意大利北方被击败，并退守山北高卢。然而，时局突如其来地发生了扭转，其中屋大维的作用至关重要。他深知，如若恺撒党人落败，那么他亦不能独活。于是屋大维以他的军队为后盾，要求获得执政官的头衔，并且最终如愿以偿。他起诉了弑杀恺撒之人，并与马克·安东尼以及剩余的恺撒党人结成了同盟。在帝国的东方，与弑杀恺撒之人的战争迫在眉睫，为此马克·安东尼、屋大维和马尔库斯·雷必达约定设置了一个三人合作共治的职位：根据协议，相当于恺撒所任之独裁官的职权将由三人共同履行，同时他们亦有权宣布所有共同之敌不受法律保护、人人得而诛之，并没收其全部财产。

---

① 马尔库斯·布鲁图斯在抵达东方的雅典后扩军备战，以对付恺撒的后继者安东尼与屋大维。他与盖乌斯·卡西乌斯一起击败了被派往东方的恺撒党人，并胁迫希腊城邦为其军队提供资助。另外，他们还获得了色雷斯贵族的支持，后者向布鲁图斯供应贵金属以供铸币。布鲁图斯下令在钱币正面铸造他个人的肖像，钱币背面则展现庆祝恺撒被杀的主题。

公元前 42 年，三巨头的盟军在腓立比①附近两战皆胜，彻底消灭了密谋者的军队。而马克·安东尼与屋大维这两位胜利者早在战场之上瓜分了罗马帝国。作为对同盟中第三人的补偿，雷必达获得了非洲和意大利半岛前端的各个岛屿，而马克·安东尼则得以掌控帝国的东部（刚开始还包括高卢），至于屋大维则负责分治意大利及帝国西部剩下的行省。此外，他还需负责安置复员士兵，以使他们分得意大利的土地。这可是一项出力不讨好的差事，因为若不先没收土地，则分配土地恐怕难以开展。此外，由于塞克斯图斯·庞培对海路的控制，向罗马供粮又是一个近乎无解的问题。最后，屋大维还面临与马克·安东尼拥护者的权力斗争。但后来双方的力量对比开始渐渐向着有利于屋大维的方向发展。当时马克·安东尼致力于巩固罗马在东方的统治，因为帕提亚的入侵曾一度使得罗马在这一地区的霸权发生动摇。这样一来，马克·安东尼无暇维系他在帝国西部的影响力。屋大维的付出逐渐得到回报，因为他控制住了帝国中心意大利的局势。当特设的合作共治——所谓的新三巨头同盟——于公元前 33 年期满结束之时，屋大维

---

①　腓立比（Philippi）：古典时代城市与军事重镇，位于马其顿东部，古城遗址于 2016 年被列为世界文化遗产。

掌控了国家大权，并逼迫公元前 32 年的两位执政官逃出罗马，而后者均为安东尼的拥护者①。

三巨头的合作关系就此破裂，安东尼与埃及女王克娄巴特拉的苟且之事，更是为屋大维提供了一个既顺理成章又事半功倍的借口，他以此宣布内战已成讨伐外敌之战，并抨击安东尼已然沦为一个伤风败俗、腐化堕落的罗马人，因为他竟武力援助一个东方国度的女王来与其祖国为敌。双方于公元前 31 年在亚克兴角海战中一决雌雄。一年后，胜利者吞并了埃及。在亚历山大城被占领之后，马克·安东尼和克娄巴特拉结束了自己的生命。

于是，屋大维扫除了所有的政敌，无人能质疑他的独裁统治。他掌控一支对他效忠的常胜之师，而且能够让他的个人意志成为整个意大利的意志。作为意大利领袖（**dux Italiae**）的他由此成为一统天下的罗马

---

① 到了后三头同盟的后期，三巨头之间的矛盾日益凸显。同为安东尼党人的格奈乌斯·多米提乌斯·阿赫诺巴布斯（Gnaeus Domitius Ahenobarbus）与盖乌斯·索西乌斯（Gaius Sosius）当选为公元前 32 年的执政官。索西乌斯借屋大维不在罗马之机，在元老院会议上对他大肆抨击。但屋大维事先早已料到对方会有此举，他在考虑好应对之辞后返回罗马，并在元老院大力反击安东尼。慑于屋大维手中的大权，两位执政官在当年 3 月逃离了罗马，向东投奔安东尼。

帝国的主人。但是他必须为他的权力找到一个看上去能为传统精英阶层所接受的形式，因为恺撒的前车之鉴令人心惊胆战。

公元前 27 年 1 月 13 日，屋大维将先前获授的特设大权重新归还到元老院和人民的手中。他拒绝效法恺撒的独裁，也未继承三巨头同盟所享有的大权，恰恰相反，他放弃独揽朝政大权。在罗马，他连年获任作为旧共和国最高行政长官的执政官一职，直至公元前 23 年。另外，为了平定尚在动荡之中的各个行省（比如高卢、远近西班牙、叙利亚），屋大维获得了最初为期十年的对这些行省的特设军权。至于剩下的行省则又回到了元老院的掌控之中。元老院将"奥古斯都"（神圣伟大之人）这一荣誉头衔授予屋大维，这一决定使得后者成为罗马城政府的领袖，并拥有对大部分军队的控制之权。但是与独裁专制或者三巨头共治相比，屋大维更多的是把共和国晚期的官职权限作为自己权力的来源。早在公元前52 年，庞培就把执政官与所治理地区的特设军权捆绑在了一起。但常年连任执政官自然会产生一系列问题，因为这样就使得罗马显贵难以晋升至最高的官位。由此产生的不满情绪日积月累，最终演变成叛乱。为了应对这一问题，屋大维于公元前 23 年放弃执政官的职位，作为补偿，他获得取自原本官职、最初任期为五年的保民官之权。几年之后，执掌数权的屋大维又得到了执政官的权限。这样一来，通过将共和国各个官职的权限集于一体，帝王之权便获得了制度上的基础。原本篡夺强占而来的权力终于披上了合法的外衣。

在权力问题获得解决之后，共和体制似乎在表面上又得以重新运转起来。罗马高官又开始行使他们的传统职责，元老院负责作出决议，而人民大会则担负选举与颁行法律之责。但此时的传统秩序有了与共和国时代全然不同的意义，因为它已不再是竞争政治领导权的制度框架，而是成了和睦团结的展示舞台。这样的现状与先辈对国家的理想愿景不谋而合，因此新的秩序看上去就像是古老秩序得到重建。正是在这个意义上，奥古斯都将他所创建的这一体制称为国家最大的幸事。这一状况之所以获得众人的支持，很大程度上是因为新的体制得到旧有传统的衡量和评判，而在与旧有体制的比较中，新的体制经受住了检验。

有人认为，背弃先祖的生活方式导致了国内和睦安定局面的丧失。这一观点在内战时期成为主流的历史观。以此观之，正是道德与信仰的沦丧成为分裂与内战的最后诱因。当奥古斯都选择归附传统的道德准则，重建各大神庙并复兴已陷于遗忘的古老崇拜仪式时，他便与公众的意愿站在了一起。正如罗马传统宗教的基本信条所述的那样，正是诸神的厚爱使得罗马日益壮大，但这厚爱却系于对一切宗教仪式尽心尽力的履行和坚守，两者互为因果。终结内战，再造国内的和睦安定、富足繁荣，并实现帝国霸权的对外扩张，乃至复兴古老的崇拜仪式与罗马先祖（或者人们所推崇）的高尚道德，这些都是"最大之幸事"中互相关联的方方面面，而这幸事之功便在奥古斯都：一直到了奥古斯都的时代，缔造和平的权力才在他亲手设计的制度中得以实现，而这权力便隐含在罗马一统天下的霸权之中。罗马之和平（pax Romana）就是由奥古斯都所缔造之和平（pax Augusta）。

在对奥古斯都的宗教崇拜中，对他本人的神化简约而不失精当。为凡人敬献神庙，并顶礼膜拜，这并不是什么新鲜之事。根据古典时代的宗教习俗，但凡是能创造福祉的超凡之力，均被视为源自神明。在帝国东方，人们被允许在年度行省大会①上仿照对总督的

---

① 行省大会（Concilium provinciae）：罗马行省所辖各地之代表一年一度在该行省首府的集会。在大会上，参会者举行庆典祭祀罗马女神，并讨论行省的各项内部事宜。

崇拜仪式来对奥古斯都本人以及罗马女神①进行顶礼膜拜（至于罗马公民则被要求参与另一个政治效忠的崇拜仪式，即向罗马女神和获得神化的恺撒敬献的仪式）。在帝国西方，只有尚在动乱之中、仍未彻底平定的行省才会举行崇拜奥古斯都与罗马女神的仪式。由于课税压力而陷于动荡的高卢于公元前 12 年在卢格杜努姆（Lugdunum，今里昂）设置了一座中央祭坛，在日耳曼尼亚的莱茵河和易北河沿岸也设立了数座中央祭坛。但在帝国西部，只要不存在效忠归附的问题，那么政府本身也不会出资举办行省级别的崇拜仪式。在罗马城，奥古斯都获得了近乎神的地位，但他所被崇拜的是其天才（Genius）或神力（Numen），即他身上所显灵的超人之力，并非他本人终有一死的肉身。因为这位皇帝克己自律（moderatio），不允许人们在帝国的官方场合仅对他本人之肉身进行崇拜，另外他还强调自己只是凡人，而非神明。尽管奥古斯都同所有人一样难免一死，但他获得宗教崇拜的殊荣也是合法合理的，因为他不仅是元首

---

① 罗马女神（Roma）：罗马国家与罗马城的拟人神化形象，首见于公元前 269 年的罗马阿斯硬币。为了给罗马帝国赋予宗教色彩，奥古斯都曾大力宣扬对罗马女神的信仰崇拜。到了哈德良和安敦宁·毕尤皇帝在位时期，罗马城建成了规模宏大、主祀维纳斯和罗马女神的神庙，遗址至今尚存。

制这一着眼长远的制度设计的代表人物，而且还取得了卓越的功绩。真正的问题并不在于获得人们的顶礼膜拜，而在于对这种个人崇拜加以限制。这里奥古斯都需要考虑的是，他必须在一个深受共和传统影响的贵族社会中确立起君王的地位。这就意味着允许他人将自己奉为神明，但不允许自己以神自居。

让失控的世界归复和平，这样的功绩使得这位皇帝权威日隆，而奥古斯都自己也说他拥有超凡的威权（auctoritas）。这样的权力与威望来源于奥古斯都的功业，他拯救了陷于内战之中的国家，并重建了罗马的秩序。手握此般大权，也使他得以更为容易地对国家进行深刻的改革，这场改革大业的终极目标便是要让罗马的国家和社会与它作为一个世界帝国的地位相契合。

奥古斯都从兵役职业化中汲取了教益，由此创建了常备军。原有的征兵体系与海外大量驻兵的需求难以调和，不仅如此，原有兵役体制的问题还在于：根据战争之需所建立的军队，所征召的士兵为来自农村的贫民，战争结束后，军队再度解散，遣散的士兵便会对社会秩序和政治稳定造成威胁。在意大利，分配土地以安置复员士兵，这会彻底打乱已经稳固的所有制关系，并使得社会与政治冲突常态化。在后三巨头共治时期，后来成为奥古斯都皇帝的屋大维曾迫不得已采取没收地产的手段，但在他击败马克·安东尼之后，他命人收购了意大利的土地，并效法恺撒重新开始向意大利以外地区殖民。之后，屋大维建立了一支由28个军团组成并长期服役（20年及以上）的职业化军队（15万—16万人），这样一来，就可以对军队每年的兵员流入和流出加以限制。最后，屋大维又设立了军事国库，用来向退伍老兵支付金钱补偿，而该国库的资金则来源于皇帝私人财产所给予的补助以及罗马公民的赋税。除了设立由罗马公民组成的常备军之外，屋大维还建立了由归附罗马各部族所组成的后备部队，以作为补充。后备部队的士兵在复员之后不会得到金钱上的补偿，但他们可以获得罗马公民之权。这一举措封住了社会革命爆发的源头。新的兵役体制满足了罗马作为世界帝国的军事需求，与此同时，罗马的内政似乎也得以免受咄咄逼人的军事干预的威胁。

罗马帝国的领土需要进行归并整合，在完成这一任务的过程中，军队也逐渐适应了新的角色，这些都使这个国家得以更容易地过渡到新的体制之中。帝国的疆域规模是罗马依次克服各个挑战的结果。在这一方面，不论这些挑战是来自迦太基或者马其顿这样的外敌，还是某个罗马贵族因个人的雄心壮志而大力推进帝国扩张——比如征服高卢——的霸业，这些都不是问题的关键。无论如何可以确定的是，罗马帝国的诞生并非深谋远虑的统一规划所致。一个在如此条件下诞生的帝国，领土是支离破碎、互不毗连的，它既不能保卫意大利使之免受来自阿尔卑斯山地区的入侵，也没有完整的边境防御体系。在奥古斯都得以从内战中脱身并掌握一支职业化的常备军之后，他开始着手整合与巩固罗马的领土。奥古斯都也正是因此而成为罗马帝国帝制时代的奠基者。

　　奥古斯都首先将目标对准了西班牙的西北部，这一地区在当时依然游离于罗马的统治之外。之后，他又征服了阿尔卑斯山地区，并将阿尔卑斯山北麓置于罗马掌控之下。此外，在几经反复、殊为艰难的征服战争之后，奥古斯都亦控制了巴尔干半岛，并由此将帝国的疆域扩展至多瑙河沿岸。这样一来，终于可以确保意大利的边界免受外敌的侵袭，而帝国的东方和西方也得以彼此连通。与此同时，奥古斯都的继子提比略也开始了对伊利里亚的征服（前12—前9），而他的弟弟德鲁苏斯①则

_____

　　① 尼禄·克劳狄乌斯·德鲁苏斯（Nero Claudius Drusus，前38—前9）：奥古斯都妻子莉薇娅与其前夫之子。公元前15年，德鲁苏斯和他的兄长提比略一起进军拉埃提亚。自公元前13年起，

在日耳曼尼亚领兵征战。另外，在莱茵河沿岸，由奥古斯都所开拓的边境仍然忧患重重。日耳曼人的入侵以及罗马军队在高卢轰动一时的大败，促使奥古斯都决定占据边境的前沿地带，并将利珀河①和美因河下游沿岸的入侵路线据为己有。但与多瑙河流域不同的是，日耳曼尼亚始终只是一个军区，并未设立拥有民政管理体系的行省。9年，昆克提利乌斯·瓦卢斯（Quinctilius Varus）被阿米尼乌斯②率领的日耳曼起义军击溃（根据考古发现，古战场在维恩山③下，而非我们今天所称的

---

德鲁苏斯以总督身份统管高卢三省，并在公元前12年至前9年间多次进击日耳曼人。公元前9年，德鲁苏斯担任当年的执政官，并继续领导在日耳曼尼亚的战争。在一次行军途中，德鲁苏斯坠马受伤，不治而亡。后来的克劳狄皇帝便是德鲁苏斯之子。

　　①　利珀河（Lippe）：莱茵河右岸支流，流经今德国北莱茵-威斯特法伦州。

　　②　阿米尼乌斯（Arminius，约前18/前17—约21）：因在条顿堡森林战役中的胜利而被称为"日耳曼尼亚的解放者"。到了19世纪，以阿米尼乌斯为原型的赫尔曼（Hermann）形象成为德意志民族的创世英雄，其中"赫尔曼"的称呼在日耳曼语中本为"战士"之意。在德国北莱茵-威斯特法伦州条顿堡森林南部的代特莫尔德（Detmold）附近，建有高达53米的赫尔曼雕像。

　　③　维恩山（Wiehengebirge）：位于德国下萨克森州南部和北莱茵-威斯特法伦州东北部的山地，最高海拔320米。

条顿堡森林①），这最终促使奥古斯都选择放弃在日耳曼尼亚建立直接统治。

在帝国的东方，奥古斯都通过外交和政治手段巩固了与帕提亚帝国的疆界。从黑海一直到埃及边界，都分布着由罗马帝国直接统治的各大行省，在这些行省以东的前沿地带则是众多的王国，后者负责拱卫帝国的边境，并使得罗马无须在此地设立自己的行政管理机构，因为这一地带幅员辽阔，且局部地区城市稀少。这些王国的君主受到罗马皇帝的庇护，他们的王国便可视为罗马的附属国。这些臣服于罗马帝国的附属王国一直向东延伸至幼发拉底河上游以及叙利亚-阿拉伯的荒漠边缘。在这以外的是亚美尼亚，帕提亚与罗马的势力在此地犬牙交错。尽管奥古斯都多次成功地将自己钦定的人选推上亚美尼亚的王位，但由于此地邻近帕提亚帝国，且其贵族分为两派，各自分别以罗马和帕提亚为靠山，因此亚美尼亚的权力格局并不稳固，且难以预料。无论如何，亚美尼亚都算不上罗马的附属国。

负责整合帝国疆土、捍卫帝国边界的常备军自然需要军饷和补给。为了保证对常备军的供给，必须建立起

---

① 条顿堡森林（Teutoburger Wald）：位于德国下萨克森州和北莱茵-威斯特法伦州的山地，最高海拔 446 米。

合理的赋税体系。财政课税在共和国时代便已存在，但当时的制度并不合理。总督和包税人在征税上各自为政。在上个世纪让共和国动荡不安的内外战争，更使征税演变成了对所有资源的盘剥压榨。如果不能彻底取消内外战争时期所执行的这一野蛮的军事征用制度，那么也应当对之进行调整弱化。取而代之的合理办法是，根据纳税人的赋税能力进行定期征税。当时最为重要的可再生资产是土地、耕地以及从事耕作的劳动力。土地测量与人口普查成了这一由奥古斯都引入的税收体系的基础。圣经故事的开头便提到这一事件："那些日子，该撒亚古士督[①]有旨意下来，叫天下人民都报名上册。"（《路加福音》2-1）。

然而，合理的赋税体系在各地并非全然畅行无阻，毫无半点所涉之人的反抗之声。比如，在犹地亚和高卢便因此发生了动乱和起义。尽管如此，对各行省民众而言，这一新体系仍是利大于弊。帝国的边疆得到军队的戍守，而总督也不再需要为罗马的选战和政治贿赂投入巨额的资金。

即便是在奥古斯都（以及后世诸帝）治下，仍然还

---

① 此为《圣经》"和合本"对奥古斯都的译法，《路加福音书》的引文亦引自"和合本"。

有搜刮民脂民膏、滥用官位职权之事。对于和自己同处一个阶层的元老，皇帝出于政治考量往往会多加照应，单是因为这样的举动，就已经使元老在行使职权时有了相对较大的自主空间。但是，正是这些国家大权的潜在竞争者却成了皇帝的高级助手。按照当时的规定，在皇帝直辖的行省①均派驻由奥古斯都钦命的特使，至于在元老院行省，皇帝在必要时亦可进行干预控制。最为重要的是，正是皇帝才有权决定元老的仕途。相比共和国时期，当时元老院成员在担任官职上拥有更为广阔的空间。除了共和国时代的原有官职外，罗马城政府还为元老们保留了相关职位。此外，元老还可担任军团指挥以

---

① 奥古斯都将罗马行省分为皇帝行省和元老院行省。其中皇帝行省多为边境战略要地，且派有重兵驻守，同时皇帝本人即这些行省名义上的总督，并钦命官阶相当于裁判官的官员前往行省代为治理。元老院行省多位于罗马帝国内部的地中海沿岸，一般仅派驻战力较弱的后备部队。在形式上，元老院行省归元老院管辖，但从理论上讲，这些行省的主权均为罗马人民所有，因此在当时，元老院行省其实被称作"公众行省 (provinciae publicae)"或"罗马人民之行省 (provinciae populi Romani)"，而"元老院行省"是在近代历史研究中才出现的名称。元老院每年派一位资深执政官前往治理行省。但事实上，派驻行省的官员常常并不是上一年的执政官，而是仅担任过裁判官的人士。只有亚细亚和阿非利加这样颇为富庶的行省才会有卸任的执政官担任当地的总督。

及皇帝与元老院所辖行省的总督。但所有这些官职归根到底都隶属于帝国新的权力中心，即皇帝。

拥有600名成员的元老院阶层自然是人数过少，不足以应对日益增长的对领导人员的需求。于是，奥古斯都以原有兵制为形式对骑士阶层进行重组，并沿袭盖乌斯·格拉古的做法，使得如今拥有6000名成员的骑士阶层成为第二个可在军中和帝国政府任职的精英阶层。这样一来，骑士不仅成了罗马独审法官和陪审法官中的绝对多数，而且还组成了军事保民官①以及后备部队将领中的多数派。另外，在新近设立的不派驻军的皇帝行

---

① 军事保民官（Legionstribun）：早在罗马王政时期，就已经出现了军事保民官的雏形，当时这一官职所指的乃是骑兵各部的统领。到了共和国时期，执政官每年刚一上任，就必须首先任命各军团的首长，即军事保民官。在公元前4世纪的萨尼姆战争中，随着军队的扩充，四大军团各设六位军事保民官。自公元前311年起，法律规定24名军事保民官均由人民选举产生，但如遇战事需新增军团之时，则仍由执政官任命新的军事保民官。在罗马帝国时期，边疆行省所驻军团的军事保民官常被分成两个等级，不同等级的军事保民官在着装和出身上均有所不同：其中较高等级着宽紫边制服，来自元老院阶层；而较低等级着窄紫边制服，出身于骑士阶层。

省中，骑士以长官①或者（后来的）督察使身份②行驶总督之权。其中本丢·彼拉多（Pontius Pilatus）便是一位出身于骑士阶层的总督，他曾在奥古斯都的继任者提比略皇帝在位时期管辖犹地亚行省，并下令将拿撒勒的耶稣钉死在十字架上。当时骑士可以升任的最高官位是代表皇帝治理当地的埃及总督（praefectus Aegypti）。此外，驻扎在罗马及其周边地区的禁卫军亦由两位骑士出身的人士担任指挥官（praefecti praetorio）。他们备受皇帝信赖，护卫帝王左右，这也使他们有机会对政事施加巨大的影响，但他们真正干预朝政则要等到奥古斯都诸位后继者统治时期。最后，在奥古斯都在位期间，

---

① 罗马帝国时代的长官（Präfekt）一职由皇帝或罗马高官任命，以负责行政或军事上的事务。长官往往来源于元老或骑士阶层，所任具体官职亦因阶层之分而有所区别，比如罗马城市长官（praefectus urbi）由元老担任，埃及总督则是骑士阶层出身。

② "督察使（Prokurator）"一词来源于拉丁语动词"procurare"，意为"代为料理负责某事"，因此它指人名词形式"procurator"原本大致上就是"代理人"的意思。在罗马帝国时期，"procurator"逐渐变成官职名称，即"皇帝的特命代理人"。督察使并不属于罗马高官，其俸禄按官阶由皇帝的私人财产支付。督察使常常被皇帝指派负责某项具体事务，比如掌管财政、起草文书、接待请愿、征收赋税等。

骑士出身的督察使也开始了在财政部门以及皇家内库管理部门的晋升仕途。正如在皇家中枢机构任职一样，这些官位既涉及皇家内务管理，也负责国家行政事务，两者的边界并不清晰（这还将长久地持续下去）。这种情况的外在表现是，常有释奴和奴隶在皇帝内廷侍奉供职。

奥古斯都得以在维系传统的基础上对旧共和国的制度架构和社会结构进行改造，以使之与罗马成为世界强国的需求相统一。达成此目标的前提便是结束罗马的权力斗争，并以首席公民（princeps）的领导取代元老院贵族早已遗失的集体共识 [ 由奥古斯都所创立的元首制（principatus）即因元首得名 ]。奥古斯都的领导地位因他卓越的功绩得以名正言顺。在他的施政报告中，没有人像皇帝本人那样将这一领导权表述得如此明确和清晰。尽管奥古斯都手握大权的合法性无可非议，但即便如此，人们还是会提出如下疑问，即这一"最大之幸事"的诸般福祉在其创立者身后又该如何传之后世。作为帝制之基的各大职权自然可以交托给继承者，但作为奥古斯都自身地位之基石的崇高声望与威权也同样可以传承给继任者吗？

毋庸置疑的是，皇位的继承问题只有在皇帝家族的内部才能得到解决。罗马社会的构成基于主仆之间的荫庇关系，而奥古斯都作为共和国晚期军队统帅的继承人便是最为强大的仆从——军队——的庇护之人。但另一方面，罗马国家体制中的共和元素又不允许建立世袭王朝。最后，能够继承大统之人必须通过自己的功绩来取得公众的支持。奥古斯都原本打算将他的长孙盖乌斯·恺撒①列为继承人，但后者于 4 年英年早逝。于是，继承人的资格落到了他的继子提比略身上，后者作为皇帝的助手阅历丰富，久经考验。被指定为奥古斯都的继承人具有双重的意义：奥古斯都将提比略收为养子，这宣告在私法意义上，提比略不仅继承了奥古斯都的显赫财富，更成为奥古斯都广布帝国四境的仆从的庇护者，获得了军队的效忠。在公法层面上，指定提比略为继承人便意味着后者也得以获分最为重要的帝王之权，即保

---

① 盖乌斯·恺撒（Gaius Caesar，前 20—4）：奥古斯都好友、著名罗马将领马尔库斯·阿格里帕（Marcus Agrippa）与奥古斯都之女的长子。公元前 17 年，奥古斯都将盖乌斯·恺撒和他的弟弟卢基乌斯·恺撒（Lucius Caesar）收为养子，并指定他们为自己的继承人。盖乌斯·恺撒曾被授予"青年元首（princeps iuventutis）"的头衔，并担任 1 年的执政官一职。3 年，盖乌斯·恺撒在亚美尼亚的一场围城战中负伤，后在回程路上伤重去世。他的弟弟卢基乌斯·恺撒也已在 2 年离世。

民官与资深执政官的职权。随着继承问题的解决，帝制在其创建者身后得以继续传承，由此而来的君主体制深刻影响了罗马帝国，直到它最后的终结。

第四章

# 帝制的时代

从朱里亚-克劳狄王朝（14—68）到塞维鲁王朝（193—235），帝制确保了罗马帝国的安定太平与相对而言的繁荣富庶。当然，帝制时期亦不能免于危机和冲突，而这便是该体制的内在矛盾使然。帝制建立所依赖的前提并不允许世袭王朝的存在，但正是王朝的世袭延绵才保障了国家的稳定。王朝的终结常常意味着内战，而这则给古典时代的世界造成了毁灭性的后果。颇为幸运的是，这样的情况只发生了两次：一次是在尼禄自杀（68）之后，另一次则是在康茂德遭到谋杀（192）之后。当96年图密善被杀、弗拉维王朝随之终结后，内战的灾祸得以避免。当时元老院任命涅尔瓦登上帝位，后者将军队领袖图拉真收为义子，并指定他为皇位继承人。平民精英与军队的联盟得到了重建，而这正是帝制的根基之所在。

这一由奥古斯都首创的体制还隐含着另一个内在矛盾。一方面，尽管帝制以几大职权为基础，但这一制度从一开始就不仅仅是诸项职权的简单相加。事实上，帝制意味着绝对的权力中心，而帝制所拥有的无限大权更是在弗拉维王朝伊始便通过一项人民大会法案而得到法律上的认可。但另一方面，皇帝又不得不顾及社会精英，特别是元老院贵族以及后者要求代表罗马政府的传统诉求。这就意味着：皇帝不仅必须统领整个帝国，而且亦须在罗马城邦的内部担负领导之责，但与此同时，对独裁之权，皇帝也不能过分张扬。找到恰如其分的中庸之道，这在当时却并非不言自明之事，因为此乃帝制本身的政治使命。奥古斯都的继任者提比略曾加剧了元老院的失势之痛，卡利古拉、尼禄、图密善与康茂德更是公然强调自己的绝对权力。所有这些都导致了一系列祸事，而相关的统治者与元老院贵族也同样被牵涉其中。史学巨匠塔西佗所勾画出的朱里亚-克劳狄王朝充斥矛盾冲突的黑暗图景，正是这一情形在历史文本上最为重要的体现。

从图拉真到哲人帝王马可·奥勒留，情势逐渐出现好转，这几位皇帝前后相继，依次将其继承者收作养子，立为储君。尽管在他们的统治时期，皇帝对整个帝国的行政体系控制得更加严密，也更为高效，但他们严于律己，坚决避免任何张扬独裁大权的举动。马可·奥勒留曾这样自警自省："要当心不要成为一个恺撒[①]。"（《沉思录》，第六卷，30）这几位统治者将自己视为国家的首席公仆，并躬行仁爱宽厚的伦理典范，从而以此求得和社会精英以及与之结盟的知识分子（在深受希腊文化影响的帝国东部，这些知识分子以"智者[②]"自居，他们也由此被称为"新智者派[③]"。）之间的共识，而正是

---

① 译文引自《沉思录》，（古罗马）奥勒留著，梁实秋译，译林出版社，2013 年 1 月。

② 智者（Sophisten）：又译"诡辩派"，是对公元前 5 世纪中叶到公元前 4 世纪间一批希腊哲学家的称呼。他们以传授辩论术、语法学、修辞学等知识技能为职业，在哲学上承认客观存在是"流动的物质"，但从感觉论出发，得出了相对主义或怀疑论的结论。尽管这批哲学家在哲学思想上有一定的共同之处，但并不是有组织和统一学说的学派。由于智者派的观点与苏格拉底、柏拉图相对立，因此被后者贬称为"诡辩家"。主要代表有普罗塔哥拉（Protagoras）、希庇亚斯（Hippias）、普罗狄柯（Prodikos）、高尔吉亚（Gorgias）等。

③ 新智者派：自尼禄皇帝起到 230 年前后的一批希腊作家，他们强调修辞学与雄辩术，在传道授业中遵从古希腊传统，并在

这一共识将统治者和被统治者联合在一起。

因此，早在 2 世纪，皇帝的德行和仁政在帝国西方的民众间引起强烈反响，而在希腊化的帝国东部，这种反响则更甚。至于 18 世纪的人们将这一时期罗马帝国的治世看作开明专制的典范，这便不难理解了。当时研究古典时代晚期历史的史学大家爱德华·吉本①将五贤帝的时代誉为人类至善至幸的时代。而特奥多尔·蒙森②也评论道："如果上帝座下的天使要对当年塞维鲁·安敦宁③治下土地的今昔做一番总结评判，以确定究竟哪个时代的治理更为明智仁爱，哪个时代的文明更为开化、民众更加幸福，那么人们便会不禁怀疑，这最后的裁定

---

当时的教育、政治、宗教等领域具有重要影响。代表人物有赫罗狄斯·阿提库斯（Herodes Atticus）、法沃里努斯（Favorinus）、琉善（Lucianus）等。

① 爱德华·吉本（Edward Gibbon，1737—1794）：启蒙运动时期的英国著名史学家，代表作为《罗马帝国衰亡史》。

② 特奥多尔·蒙森（Theodor Mommsen，1817—1903）：德国著名历史学家，被誉为 19 世纪古典学大家之一，他的代表作《罗马史》于 1902 年获诺贝尔文学奖。

③ 塞维鲁·安敦宁（Severus Antoninus，188—217，211—217 在位）：塞维鲁王朝第二位皇帝，为塞普蒂米乌斯·塞维鲁（Septimius Severus）皇帝之子，因他喜爱穿着一种高卢兜帽披风，所以被人们以此披风之名称作"卡拉卡拉"。

究竟是否还会偏向于现代。"古典时代的称颂者有义务对帝王的德行和仁政进行赞誉宣扬，于是，一幅太平盛世的景象由此而生，这反映出当年社会精英与诸位帝王之间亲厚和睦的关系，但同时这也是一面之词，我们需要在罗马帝制时代更为宏大的背景中对其加以考量。

## 世界帝国的架构

罗马皇帝宣称以维护文明世界四境内外之安定和平为己任。首先，这意味着皇帝需确保帝国的臣属之邦免受外敌入侵；其次，他还是国内稳定与秩序的维护者；最后，皇帝还需保障法制的昌明。实现前两个目标的工具便是军队。大多数正规军团与后备部队均驻扎在帝国的边境上。但为了让军队能够拱卫帝国的安全，首先必须找到并确定最优的边境线。尽管奥古斯都在征服日耳曼尼亚受挫之后降下旨意，终止了帝国继续越过莱茵河、多瑙河和幼发拉底河这三条大河的扩张进程，但就算是在这三条界河以内，仍有广大地区在奥古斯都死后仍未建立起罗马的直接统治，而是由所谓的仆从国代为治理。这一地区北起黑海，南至埃及边境。欧洲的仆从国则位于色雷斯（今保加利亚）和诺里库姆[①]（阿尔卑斯山东部地区）。在帝制时代的首个百年中，除了位于克里米亚半岛和亚速海沿岸的博斯普鲁斯王国[②]以外，整个罗马帝国全境均被纳入行省体系之中，而罗马军队亦承担起帝国边境的军事防务。位于今约旦的纳巴泰王国[③]是最后一个被改组成行省的仆从国。106 年，图拉真皇帝

---

① 诺里库姆（Noricum）：初为凯尔特人诺里克部族所建立的王国，位于今奥地利大部以及临近的德国巴伐利亚州和斯洛文尼亚。公元前 49 年，诺里库姆国王曾向恺撒提供援兵，以助他与庞培作战。公元前 15 年，诺里库姆在奥古斯都在位时期被纳入罗马帝国，但当地仍保有一定的独立自治地位。克劳狄皇帝则在当地正式设置诺里库姆行省。

② 博斯普鲁斯王国（Bosporanisches Reich）：古典时代的希腊化王国，位于刻赤海峡两岸。公元前 5 世纪，黑海北岸以及亚速海沿岸的希腊殖民地逐步形成该王国。公元前 107 年，随着经济和军事实力的衰退，博斯普鲁斯王国被本都王国所吞并。后来庞培将本都纳入罗马帝国，而博斯普鲁斯王国随之成为罗马的附庸国。到了 4 世纪和 5 世纪的民族大迁移时期，博斯普鲁斯王国在哥特人和匈人的打击下分崩离析。

③ 纳巴泰王国：阿拉伯西北部游牧部族联盟。大约在公元前 10 世纪，纳巴泰人（Nabatäer）从阿拉伯半岛进入红海与死海之间的地区。善于经商的纳巴泰人后来控制了前往阿拉伯半岛南部的大部分商道，其实力也因此日渐雄厚。公元前 312 年，安提柯一世在与纳巴泰人的战事中落败，后者便进一步将势力范围扩展到叙利亚。在公元前 150 年至 105 年间，纳巴泰人建立了自己的王国。公元前 63 年，庞培将纳巴泰王国纳入罗马的附属国之列。

在此处设立阿拉伯行省。尽管罗马军队的驻扎之地推进到各大界河沿岸以及阿拉伯的荒漠地带，但划定最优边界的问题仍未得到解决。

罗马帝国为了保障自身的边境安全通常会采取两个办法：要么以外交手段控制边境的前沿地带，为了达此目的，在必要时亦可采取有限的军事干预；要么就扩大帝国直接统治的区域。至于到底采用哪种策略，则因时因势而异。比如，为了确保高卢的安全，克劳狄皇帝①开始了对不列颠的征服。这场战争一直持续到图密善在位时期，前后持续 40 余年（43—84）。在不列颠，罗马帝国也同样面临该如何划定最优边界的问题。对此哈德良皇帝（117—138 在位）给出的办法是，建立起一道起自索尔韦湾②、终于泰恩河③口的边境长城，而这一举措最终

---

① 克劳狄皇帝（前 10—54,41—54 在位),全名提比略·克劳狄·恺撒·奥古斯都·日耳曼尼库斯（Tiberius Claudius Caesar Augustus Germanicus)，朱里亚-克劳狄王朝第四位皇帝，在卡利古拉皇帝被弑之后即位。他精于管理，谋事周全，大兴土木，并自奥古斯都皇帝之后再度开启帝国开疆拓土的大业，其中对不列颠的战事便是一例。

② 索尔韦湾：位于英国西海岸，是英格兰与苏格拉交界处的海湾。

③ 泰恩河：英国英格兰北部河流，由一南一北两条支流汇合而成，后注入北海。

也被证明是解决边防问题的长久之计。68 年，朱里亚-克劳狄王朝灭亡之后爆发了内战，帝国在莱茵河上游的边境线也随着内战而向东推进。通过这场战争，人们意识到有必要在意大利、阿尔卑斯山北麓和莱茵河上游地区之间建立起一条最佳的交通线，于是确定最优边境线的问题又被提上议事日程。而这一问题的最终解决，靠的是上日耳曼-雷蒂安长城①的修建。这一工程历经数个阶段，并将处于韦特劳②、美因河下游、内卡河③以及施瓦本山④之间的地区纳入帝国境内。这道设防的边

---

① 上日耳曼-雷蒂安长城 (Obergermanisch-Rätischen Limes)：又名日耳曼长城，起自莱茵河畔波恩附近，终于多瑙河畔雷根斯堡，全长约 550 公里。罗马帝国现存至今的边境长城除了日耳曼长城和哈德良长城（长约 117 公里）之外，还有建于安敦宁·毕尤在位时期的边防城墙。这道城墙位于哈德良长城以北，全长约 63 公里，被称为安敦宁长城。三处边境长城合称"罗马帝国的边界"，被联合国教科文组织列入世界文化遗产名录。

② 韦特劳 (Wetterau)：德国黑森州的一处地名，南到美因河畔的法兰克福，西至陶努斯山 (Taunus)，东北则以福格尔斯山 (Vogelsberg) 为界。

③ 内卡河 (Neckar)：莱茵河支流，发源于德国巴登-符腾堡州的菲林根-施文宁根 (Villingen-Schwenningen)，自南向北流经图宾根(Tübingen)、海德堡等历史名城，在曼海姆注入莱茵河。

④ 施瓦本山 (Schwäbische Alb)：德国南部丘陵，大部位于巴登-符腾堡州，其东北与东南支脉分别延伸至巴伐利亚州和

125

境长城最终竣工于安敦宁·毕尤皇帝在位时期（138—161）。早在图密善皇帝时代（81—96），多瑙河下游便成了罗马帝国边境防务最为棘手的一个地区。喀尔巴阡山脉以巨大的弓形向东南延伸，在这里，达契亚人在其国王戴凯巴路斯[①]的领导下建立了帝国，并不断向外扩张。图拉真皇帝灭亡了达契亚帝国，并在喀尔巴阡山脉的弓形地带设立达契亚行省，由此将之纳入罗马帝国的版图（102—107）。此外，在帝国的东方，图拉真皇帝也试图通过扩张来巩固边疆、抵御帕提亚帝国的侵袭。为此，他征服了亚美尼亚和两河流域（114—116）。但很快人们就发现，开疆拓土的大业已然超出了帝国力所能及的范围。于是，117年，哈德良刚一登基，便立刻放弃了帝国刚刚征服的亚美尼亚、亚述和美索不达米亚这三个行省。尽管罗马收缩了自己在东方的势力，但这并不意味着罗马放弃了在较小范围之内为自己争取有利边境的努力。比如，塞普蒂米乌斯·塞维鲁（Septimius

---

瑞士境内。

　　① 戴凯巴路斯（Decebalus，87—106在位）：达契亚王国末代国王。该王国在其开国君主布雷比斯塔死后（前44）陷入了长达一个半世纪的衰退之中。戴凯巴路斯重新统一达契亚诸部，并组建一支全新的军队进行对外扩张。106年，罗马军队攻入达契亚王国，戴凯巴路斯扩张大业失败，遂选择自尽。

Severus）皇帝于 199 年将两河流域北方的一部分土地列入美索不达米亚行省。

开疆拓土也许在个别情况下是化解外来威胁的良策，但是这个办法并没有从根本上改变罗马帝国所处的战略位置。帝国的边境线过于漫长，竟绵延达 16 000 公里以上，其中约有十分之一筑有边防工事，另有五分之一设有军事据点。差不多有 40 万之众的大军驻扎在边境地带，但帝国却缺乏战略储备。若要在某一处前线上集结兵力，就必须以削弱其他地方的防御力量作为代价。尽管罗马帝国曾经大举扩张、开疆拓境，但这并不意味着帝国占有内部交通便捷的优势。罗马帝国境内建有长约 78 500 公里的道路网络，这些道路的修筑主要出于军队和行政所需，并为部队的调动带来便利。尽管如此，军队的调遣依然耗时长久、颇费周章。无论如何，帝国的兵力在 2 世纪仍然足以应对边境线上的诸般危机。面对帝国东部的帕提亚人和多瑙河中游的马科曼尼人①以及

----

① 马科曼尼人（Markomannen）：属古日耳曼人苏维汇的一支，其族名本义为"边境之民"。奥古斯都皇帝曾派兵征伐马科曼尼人，最后在军事打击和内部纷争的双重影响下，马科曼尼人元气大伤，归附罗马。2 世纪，在受到迁移中的哥特人的驱赶之下，马科曼尼人与其他日耳曼部落和萨尔马提亚部落一起多次侵入罗马帝国境内。

萨尔马提亚部族<sup>①</sup>，马可·奥勒留皇帝竭尽全力，终于恢复了罗马帝国的领土完整（161—180）。

罗马帝国的一部分军队也被用于维护国内的安定与秩序。他们既负责镇压起义暴乱，也承担追击拦路盗贼之责。旅人不论是在乡间行路，还是要赶往海滨，都要比在共和国时期来得安全，但是这里所谓的安全自然不能与现代的标准相提并论。另外，因社会及民族与宗教因素而发生的动乱在当时——特别是在帝国的东部——也绝不鲜见，其中又以犹太人的多次起义运动（66—70/73、116/117、132—135）规模最大。为了镇压动乱，帝国不得不出动正规军队。总体而言，当时弹压骚乱的手段无非就是以暴制暴，或者至少是以暴力威胁压制暴力行动。当41年犹太人扬言要向曾经对他们大肆屠杀的亚历山大城居民复仇之时，克劳狄皇帝不仅对双方好

---

① 萨尔马提亚部族：伊朗地区多个游牧部落的联盟，于公元前513年首次在古典时代的典籍中被提及。公元前6世纪至公元前4世纪，萨尔马提亚人（Sarmaten）定居于今俄罗斯南部和乌克兰。在罗马帝国时期，萨尔马提亚人经常侵扰帝国边境。在马可·奥勒留皇帝统治时期，萨尔马提亚人于175年在多瑙河入海口北岸被罗马军队击败，并向罗马帝国提供8000名骑兵以作为人质，其中5500名皮克特人被作为后备部队派往不列颠行省，以驻守哈德良长城，防卫苏格兰地区。

言相劝，而且还威胁道："那我索性告诉你们，如果你们顽固不化、拒绝停止针对彼此的暴力行径的话，那么就是你们在逼我一改仁慈帝王的和颜悦色，在事出有因的盛怒之下以暴制暴了。"[《伦敦古卷》(*Papyrus Londinensis*)，1912]

当时，总督被获准握有对行省居民的生杀大权。对于民众威胁稳定、违反法律的任何行为，总督都无须法庭调查与判决便可自行将之处死，而这恰好反映了统治者对维持安定与秩序的忧虑。因此，罗马帝国并不是一个法治国家，它不能确保个人免受国家暴力滥用的威胁。但最有可能享有法律保护的便是罗马公民。也正是出于这个原因，使徒保罗当年在耶路撒冷临危受难之时就表明了自己作为罗马公民的身份。此外，行省民众中颇具影响力的上流社会成员亦有可能得到正规法律程序的审理。至于底层社会的民众，他们在紧要关头之时则毫无胜算可言。比如，拿撒勒的耶稣遭到了本丢·彼拉多的草率审理。而在 112 年前后的小亚细亚，并非暴戾之人的小普林尼因为基督徒拒绝向皇帝献祭，便下令以抗拒之罪将他们中的行省居民全部处死，至于其中的罗马公民，小普林尼则将他们送往罗马受审。

尽管皇帝的统治将维持稳定与秩序视为国家的首要

目标，并将之置于对个人的保障之前，但同时皇权亦会尽量对现有的权利与特权予以保护，这其中不仅包括城市和社团之权，还涉及个人所享有的权利。个人、城市、行省大会以及总督在陷于冲突或法律争端时都会乐于向皇帝求助。因此说皇帝不仅是统治者，还是调解者，这并不是没有道理的。但通常而言，皇帝的调解斡旋并不是出于恩主的慈悲之心，也不由暴君的专横凶残所左右，所遵循的乃是法律这门以惩恶扬善、主持公道为宗旨的艺术。而为此提供前提的是五贤帝时期皇权与罗马法学界之间紧密的盟友关系。

当然，皇帝们并不能总是如愿地贯彻他们自身的主张。对滥用职权、任意征用以及当权者越权行事之举加以防范和阻止，这毫无疑问是诸位皇帝致力于达成的目标，但他们并未在这场斗争中胜出。尽管如此，出于对他们的敬意，我们不得不说，除了 3 世纪所谓的军人皇帝时期长达数十年的乱世危局之外，罗马诸帝从未放弃过这场斗争。也正是通过这一方式，诸位皇帝为自己赢得了信任的资本，而这体现在帝国内部对于罗马统治的认同上。使徒保罗曾要求人们听命于（罗马）当权者，因为他认为在罗马帝国，国家权力的行使是严格遵循公平正义的："所以你们必须顺服，不但是因为刑罚，也

是因为良心。[①]"(《罗马书》，13)

促成帝国内部团结一致还有其他手段，比如赋予个人和团体以罗马公民的权利，将帝国东西部上流社会的成员纳入帝国贵族的两大阶层之中。皇权是上述进程的推动之力，即便会有不可避免的反对抗议之声，皇帝仍坚持达成这一目的。克劳狄皇帝曾向元老们劝导道，罗马的优越乃是基于帝国乐于接纳战败者的意愿以及因时而变、与时俱新的能力，"如果不是拉克代蒙人[②]与雅典人将战败者视为异族，避而远之，那么还有什么使得曾经战力不可一世的他们最终仍归于毁灭的厄运呢？与此相比，我们的建国者罗慕路斯颇有远见卓识，因为他不舍昼夜地要将尽可能多的敌人变成同胞。"(塔西佗，《编年史》，第十一卷，24)

同样，帝国架构的建立也一以贯之地遵循了这一原则。正如所有古典时代的大帝国一样，罗马帝国也是一个建立在各个自治单位之上的庞大国家。帝国的基本单位是城市及其领地。在帝制时代早期，罗马帝国拥有

---

① 此处的《罗马书》引文引自《圣经》"和合本"。

② 拉克代蒙人（Lakedaimonier）：古典时代对斯巴达人的别称。在希腊神话中，宙斯与仙女塔吉忒之子拉克代蒙（Lakedaimon）乃是斯巴达人的先祖，斯巴达人的别称由此得名。

350 万平方公里的疆域，人口达 5000 万至 6000 万之众，而整个国家大致由超过 2000 个城市社群所组成。在希腊化的帝国东方，诸城效仿希腊城邦而建；而在受拉丁文化影响的帝国西方，各大城市则以罗马的城市社群和殖民地为典范。这些城市不仅是相近趋同的希腊-罗马文明的中心（这一点还反映在留存至今的建筑石碑的风貌上），而且在社会结构上亦是大同小异。城市中的领导阶层家境富裕，且通常拥有地产，他们或担任城市的高级官员，或是城市议会的成员，由此他们便成了城市自治的负责之人（与此相比，当时仍存在的人民大会的影响已颇为有限）。此外，他们还须为帝国履行各项职责，其中首先包括征收税款、组织徭役与上缴实物税，以供军队与行政之需。所有这些组织工作都须无偿完成。通过这一方式，帝国和各个城市得以将行政的成本降到最低。只有存在富人阶层时，这一切才有可能成为现实。此外，城市的生活质量，公共建筑的体面气派，以及浴场、水道和剧场的建设，所有这些事关城市生活舒适与否的要素都在相当程度上取决于城市精英阶层的能力，以及他们慷慨解囊、乐于资助的意愿。

于是，社会贫富差异的显著分化以及拥有地产的富有阶层的存在，成了城市繁荣与罗马帝国组织统治必不可少的前提条件。帝国对广大疆域的统治是通过城市来实现的，于是，所有试图将新的领土纳入罗马帝国的举动都与是否能在当地建立起城市紧密相关。对此，帝制时代的罗马帝国一直不遗余力。建立并发展城市，此乃罗马诸帝的功业，而他们的杰作便是帝国的城市化。各地的部族联盟被重组为城市，其居民以务农为主业。于是在北非与西班牙南部形成了密集的务农市民社群，而在高卢、不列颠还有日耳曼及多瑙河流域的各大行省的局部地区，此类社群仍十分稀疏。这与当地的人口密度、社会结构以及部族划分这几个要素不无关系，因为筑城设邑的进程并非在全无历史的土地上展开。城市密布之地主要是地中海沿岸的帝国核心区域，这包括西班牙南部、高卢南部、北非、意大利、希腊、小亚细亚大部以及近东地区，相对而言，西欧与中欧地区城市仍旧稀少。

因此，帝制时代的罗马帝国可看成在内外已定的疆域之内所建立起的一个庞大的城市联盟。这一幅员辽阔的区域或多或少受到希腊–罗马文明的影响，而帝国境内的两大通用语言，即西部的拉丁语和东部的希腊语，则成了跨地区交流与精神生活的基础。叠加于城市联盟之上的是帝国所划分的各大行省，其中意大利是个特例，因为它是一个自成一体的罗马公民区。在各个行省中，元老或骑士出身的总督集军事指挥权和民政管理权于一身。他们负责维护社会治安，行使司法裁判权，并监督城市自治。但征收赋税与关税以及经营矿山与庞大的皇家地产却并不在他们的职权范围之内，因为经济与财政事务均归皇帝特命的督察使主管。高级职位的督察使专由骑士阶层的成员充任，而较低的位阶则由皇帝的释奴和奴隶担任。直属皇帝的这一行政分支后来规模不断扩大，奥古斯都时期骑士出身的督察使共有 26 人，到了马可·奥勒留时已增至 150 人。维持帝国的稳定必须依赖有组织地征收赋税，而督察使人数的日益增加不过是为此所付出的代价之一而已。根据塔西佗的记载，弗拉维王朝的将领佩提利乌斯·策里阿里斯曾对出身于高卢部族社群的各位元老说过如下这番话："要让民众安分守己，没有武装部队不行；要维持武装部队，没有军饷不行；而要有军饷的话，没有税收也不行。"（《历史》，第四卷，74，1）

除了皇家地产与矿山所带来的收益之外，帝国常规的财政收入主要来源于对耕地产量的课税。此外，人头税及内外关税亦是财政的来源。罗马公民可以免于缴纳直接税种，但他们亦需履行上缴营业税、释奴税以及遗产税的义务，税额大概在所涉对象价值的 1% 至 5% 之间。其中遗产税的征收对象仅限于数额较大的财产，其所得将用于支付给退伍老兵以作为报偿。与共和国晚期通过没收土地来向退伍士兵支付报酬的做法相比，征收遗产税的办法显然弊端更少。至于帝国的臣民，他们不仅直接承担上税的义务，而且还需根据自身能力参加徭役，为军队提供宿营，并担负货物运输的任务。另外，帝国的邮政与交通运输也依赖要道沿线居民的劳役与杂役，而征税的花费则由各个城市承担。与帝国合法征税之举如影随形的则是位高权重之人对税收体系的滥用。皇帝们力图禁止这一行为，但最终没能杜绝。

帝国的财政收入仅能勉强满足其开支用度。1世纪，国家的年度常规税收约在7.5亿塞斯退斯银币（Sesterzen）。70年，韦斯巴芗皇帝为了弥补常年的财政赤字，下令增税25%。财政用度最大的是军队，其次是首都以及帝国行政的各项花费，其中军队的常年用度约占常规税收的60%。除此之外，新帝即位、政府周年庆典、凯旋仪式以及其他诸如此类的事项也需要额外的花费。161年，马可·奥勒留皇帝与其共治者①用于犒赏将士的军饷达到

① 马可·奥勒留的共治者为卢基乌斯·维鲁斯（Lucius Verus，130—169，161—169在位），其父曾于136年被哈德良皇帝收为养子，并被指定为继承人，但他于138年就离世了。于是

11 亿塞斯退斯之巨，这一数额也超过了当时帝国一年的财政收入。另外，向罗马城 20 万人免费供粮，以及举办竞技比赛和公众娱乐活动也需耗费 6 000 万至 7 000 万塞斯退斯。至于帝国因特殊事由而进行的赏赐馈赠，数额则因在位皇帝而异，比如克劳狄皇帝时期为 1 亿塞斯退斯，但到了马可·奥勒留皇帝时期已增至 6.8 亿塞斯退斯。无论如何，帝国开支的日益增长是明白无疑的。1 世纪，总督和督察使的俸禄约在 4 000 万至 5 000 万塞斯退斯。到了 2 世纪，这一数字则增长到 6 000 万至 7 000 万塞斯退斯。在帝国行政机构内任职的官员按位阶高低领取俸禄，由此便构成了一个金字塔式的收入等级，其中最低为 6 万塞斯退斯，最高可达 1 000 万塞斯退斯。军团士兵中的最低薪俸与之相比可谓天壤之别。1 世纪，最低级别的军团士兵年收入为 900 塞斯退斯，到了 2 世纪也仅有 1200 塞斯退斯。亚细亚资深执政官的薪俸几乎是一名普通军团士兵收入的 1000 倍，这便是帝制时代的罗马帝国内部社会分化、贫富悬殊的真实

---

身患重病的哈德良只得指定安敦宁·毕尤继承帝位，前提是他必须收维鲁斯为养子。此外，安敦宁·毕尤还将马可·奥勒留收为养子。他去世后，马可·奥勒留即位为帝，之后擢升维鲁斯为共治皇帝。虽然两位皇帝在形式上权限同等，但实际上是由马可·奥勒留主导大权。

写照。在五贤帝在位时期，约有 4 亿塞斯退斯被用于公益捐助，以维持意大利下层社会生而自由的儿童的日常生计。另外，帝国在建屋造房、资助特定群体、赈济天灾、救助火灾这些方面的花费也是难以计数。同样无法估量的还有帝国对拱卫边疆的蛮族部落的赏赐恩惠，这也是维护边境安定的必要开支之一。由于帝国的日常财政入不敷出，于是除了征调劳役和实物上税之外，还需谋求其他的收入来源以做补充。一些特殊事由不仅需要例外的支出，而且还会产生额外的要求，比如向皇帝进献贡金等。当 48 年克劳狄皇帝在不列颠取得大捷时，单是帝国西部的各大行省便筹措了总价值达 1.5 亿塞斯退斯银币的金冠。此外，查抄财产也是增加收入的来源之一。尤其是对谋逆反叛者的审判在帝国开源增收中扮演了不可低估的角色，因为贵族阶层的成员时常被卷入这些事件之中。

我们无法对罗马帝国财政收入与开支的总量进行准确统计，尽管如此，我们依然可以对当时的常规税率加以估计：根据韦斯巴芗皇帝的改革，罗马帝国的税率大致在 10% 至 14% 之间。以现代的标准观之，这一税率也许并不算高，但考虑到罗马帝国时代的经济和社会水平，该税率其实已经不低了。

# 经济与社会

　　罗马帝国以农业为经济基础。在帝国全境约6000万人口中，有80%至90%都在乡间劳作，国民生产总值的绝大部分亦来源于此。地产投资在当时最为保险。土地的耕作与收成因气候和耕地条件不同而各有差异。作为古典时代主食的谷物是当时栽培的主要作物，另外地中海地区还种植橄榄、葡萄与莱果。畜牧业则基本上采用冬夏牧场轮换的办法，牲畜总量也小于如今的西北欧和中欧地区。除了尼罗河河谷地带的灌区之外，帝国全境基本都采取二季轮耕的制度，这就意味着可供耕作的土地有一半处于闲置的状态。在地中海沿岸的干旱地区，耕作需要耗费极大的劳力。不论是已经耕种的土地还是未加利用的闲田，都必须经常性地翻地松土，以确保土壤保持必要的湿度。尽管耕种需要大量的劳力，但农业的平均产量其实并不算高。在埃及，土地产量可以达到播种量的10倍；而在意大利，产量却差不多只及播种量的4倍（与此相比，今天的粮食产量已经达到了播种量的30至40倍）。这就意味着，一个小农家庭的粮食产量在满足自身所需之后并没有多少剩余。农民所经营的仅是小农经济，在这样的基础上要实现财富积累，从而为社会分化、城市繁荣以及花费不菲的政治体系的建立奠定基础，这原本显然是不可能的。但所有这些的最终实现其实都依赖于一个较小阶层的物质财富。我们现有的历史记载显示，当时最为富有之人所拥有的财产可达 4 亿塞斯退斯，曾有人计算，这一资产竟比 17 世纪英格兰首富的私人财产多了 30 至 40 倍。

那么，这样的富人都拥有哪些财产呢？在奥古斯都时代一位富裕释奴所留的遗书（普林尼，《自然史》第 33 卷，135）中，我们得以一窥究竟。当时他所拥有的财产包括 3600 对牛、4116 名奴隶、257 000 只羊与 6000 万塞斯退斯。耕牛与奴隶的数量分别可以满足 360 000 摩根与 123 000 摩根土地的耕种需要。由于相当一部分的奴隶需要负责放牧，另外一小部分奴隶得从事家务，所以大部分土地应该是由雇农进行耕作的。于是，大地产的经营组织依赖奴隶和拥有自由身份的雇农。虽然奴隶制遍及罗马帝国全境，但实际上地域分布的差别之大也是可想而知的。意大利是奴隶制的"应许之地"，那里集中了帝国贵族阶层的动产和不动产。而在埃及或多瑙河流域的农业生产中，奴隶制却无足轻重，另外皇帝在北非的庞大地产也主要由雇农负责耕种。在意大利，雇农经济亦扮演重要角色，这不仅仅是因为随着帝国由攘外转向安内，沦为奴隶的战俘数量日渐有限，而且还因为分散零乱的地产不利于对奴隶进行监管。如果奴隶无人管束，那么他们所料理的土地究竟是否还有利可图便成了问题。1世纪，有一位撰写与农业生产相关书籍的作家曾得出如下结论："一些位置极为偏远、地主不便前往察看的地产，不论是何种类型的土地，都最好由拥有自由身份的雇农来经营，而不是将之交给一位管理者，让他与一群奴隶一起去打理……奴隶会将耕牛借给他人，并在放牧耕牛和其他牲畜时漫不经心，他们不会认真地锄地松土，反而还经常吹嘘他们播种的数量之多，言过其实；但对于实际播下的种子，他们又不悉心照料，以保证长势良好；在把粮食送到打谷场后，他们在打谷时或是弄虚作假，或是粗枝大叶，从而使得粮食的产量再打折扣……因此，我认为地主不能亲自监管经营的那些土地还是交给雇农来打理为好。"（科鲁迈拉[①]，《农事十二书》第一卷，7）

---

　　① 科鲁迈拉（Columella，4—约70）：罗马帝国时期的作家，曾在罗马附近拥有一处田产，著有专述农业、园艺、栽培技术的《农事十二书》（De re rustica），是继老加图《农业志》一书后罗马时代留存至今的最为重要的农业专著。

大地产的种植经营会创造剩余产品，而这些地产得以存在的条件便是剩余产品能否通过销售赢利。帝国的消费中心是各大城市，手工业生产所面向的就是乡村市场以及居住在城市的大地产主。在这方面，规模较小、人口在 5000 至 20000 左右的城市与所辖的周边地区便形成了一个地方性的市场体系，而奢侈品的异地和区域贸易则是对这一体系的补充。此外，偶有发生的粮食歉收也促进了跨区域的粮食贸易的发展。至于区域贸易的覆盖范围则自然受制于交通线路的长短。若要长距离运输大宗货物，船运在当时是可行的，但陆路运输因高昂的成本而无法得以实现。

至于像罗马、亚历山大城、安条克和迦太基这样人口在 10 万至 75 万之间的大城市则是特例。这四座城市或是位于海滨，或是坐落于通航的河畔，因此粮食可以从远方的产地进口，而容易腐烂、成本高昂的食物则产自消费市场的周边地区。总体而言，意大利半岛城市与乡村居民的分布状况为地产的积累与生产的专业化创造了最佳条件。蔬菜种植、牛奶生产、牲畜饲养、葡萄栽培与橄榄种植取代了粮食生产成为当地的主要农业部门，同时也为海外进口粮食打开了销路。另外，军队也是重要的消费群体，尤其是驻扎在莱茵兰和多瑙河流域的部队更是如此。但是，军需供应是经过国家对剩余产品的抽调与再分配而得到实现的，对首都的部分供货也来源于此。

以当今的眼光看，意大利和罗马帝国的经济体现出了现代发展中国家的诸般特征。大部分人口都从事粗放的农业生产，手工业与制造业还停留在相对原始的技术水平，较小的生产规模已足够满足制造较高质量的产品的需要。尽管如此，由于财产的集中与城市化的发展，罗马帝国的社会与政治体系所取得的成果竟超出了当时劳动生产率和生产工具水平可以达到的预期水准。一直到 19 世纪，当时城市的规模和宜居程度才再度达到罗马帝国时期的水平。在罗马帝国时期，虽然为了建造公共建筑可以强行征用自由民参加徭役、提供劳力，但若是没有集于皇帝以及帝国和城市贵族手中的财政盈余，那么当时以彰显大国盛世为目的而进行的大规模营建工程便无从谈起。当时用于扩建城市并满足城市供粮的投资基本上都取自农业生产的盈利。从这个角度看，将资金投向城市的幕后推手不论是大众百姓还是社会政治精英，其实都并无二致。

私人的财力越是雄厚，那么他捐赠资助时便越是慷慨大度，这就是贵族阶层作为庇护人与资助者的基础：

根据当时的传统习俗，人们应通过慷慨解囊、乐善好施之举将自己的财富转变为在社会上的名望与威权。至于这对城市及居民究竟有着何等意义，小普林尼（61/62—112/113）与他的家乡科姆（Comum，今科莫①）的事例可对此做出诠释。小普林尼是科姆和翁布里亚地区的富豪，他所拥有的地产价值估计可达 1700 万至 1900 万塞斯退斯。小普林尼曾将其现金资产的一部分——可能大约在十分之一——以一定的利率贷出。罗马、劳伦图姆②和科姆都有小普林尼的府邸，而在科莫湖畔和翁布里亚，他也拥有数栋别墅。另外，小普林尼拥有的奴隶也达到了 500 人以上。可以确定的是，他还通过继承遗产和遗赠获得了 145 万塞斯退斯。参照元老院阶层的财产衡量标准，小普林尼处于中等富裕水平，但要是放到 17 世纪，已经可以与英格兰最为富有的群体相匹敌。碑文中记载了小普林尼死后留给科姆城的遗赠："盖乌斯·普林尼，卢修斯之子，出生于欧芬蒂纳（Oufentina）部落、凯奇利乌斯氏族第二支、曾任执政官、观鸟占卜

---

① 科莫（Como）：意大利北部伦巴第大区城市，位于米兰以北 45 公里处，毗邻科莫湖。

② 劳伦图姆（Laurentum）：古代拉丁姆地区的港口城市，传说当年埃涅阿斯就是在此登陆意大利半岛，而拉提努斯（Latinus）亦居于此。在罗马王政时代，劳伦图姆曾是重要商埠。

官，并曾奉元老院之决议、受'祖国之父'恺撒·涅尔瓦·图拉真·奥古斯都·日耳曼尼库斯·达契库斯皇帝之托派驻本都与比提尼亚行省，担任皇帝钦命资深裁判官①并在当地行使最高的行政大权，曾受命整治台伯河、加固沿岸堤防并负责城市的排水系统，亦曾主管国库与复员军人薪俸，并担任裁判官、平民保民官、皇帝财务官、罗马骑士的分队长官、高卢第三军团的军事保民官和遗产法庭的法官，他立下遗嘱捐助……塞斯退斯用于建设温泉浴场，并分别出资 30 万塞斯退斯和 20 万塞斯退斯用于浴场的装潢和维护；此外，他还划出 1 866 666 塞斯退斯用作供养释奴，根据他的遗愿，这笔款项的利息之后还将用作城市居民的膳食费用；另外，他在生前还捐赠了 50 万塞斯退斯以用于城市居民抚养子女，并出资建造了一座图书馆，同时还捐助 10 万塞斯退斯以供日常维护之用。"[《拉丁语铭文选》(*Inscriptiones Latinae Selectae*)，编号：2927]

如果假定由小普林尼捐建的两座大型建筑各需花

---

① 皇帝钦命资深裁判官一职为皇帝特派掌管某一行省军政大权的官职，这一职位往往由曾任裁判官或执政官的人士担任。111 年，图拉真皇帝命小普林尼前往本都与比提尼亚行省担任皇帝钦命资深裁判官，在此之前该行省的总督均由元老院任命。

费 100 万塞斯退斯，那么他给自己家乡科姆的捐助总额可达 500 万塞斯退斯，但小普林尼的馈赠还不止这些。位于翁布里亚的台伯河畔的提菲努姆（Tifernum Tiberinum）在他的资助下兴建了一座小型的帝王庙，在这座庙宇落成后，小普林尼亦出资为之举行了隆重的典礼。另外，他还承担了另一座乡村神庙的修缮费用。此外，小普林尼还向科姆的朱庇特神庙捐赠了一座科林斯式的青铜雕塑，并为雇佣一名教师承担三分之一的薪金。为了让他的同龄人洛马修斯·菲尔姆斯（Romatius Firmus）能够进入骑士阶层，小普林尼送给他 30 万塞斯退斯。另一位朋友则得到了小普林尼 4 万塞斯退斯的帮助，以用来支付接手某一官职所需的垫款。另外，小普林尼还为朋友的女儿置办了价值分别为 10 万和 5 万塞斯退斯的嫁妆。为了让他的乳母安享晚年，小普林尼还赠送给她价值 10 万塞斯退斯的财产。诗人马提亚尔（Martial）的一次旅行也得到了小普林尼的赞助，哲人阿特米多鲁斯[①]还获得了小普林尼给他的巨额无息贷款。虽然小普林尼的慷慨大度让人惊叹，但这在当时却并非特例，其他更为富有之人所捐数额往往比他更大。比

---

① 阿特米多鲁斯（Artemidorus）：2 世纪上半叶的占卜家与释梦家，著有《解梦》（*Oneirokritika*）一书，共五卷。

如，在尼禄皇帝在位时期，一位富裕的释奴向马萨利亚城（Massalia，今马赛）捐献了约1000万塞斯退斯，而在小亚细亚的阿斯潘多斯城（Aspendos），有位富人出资800万塞斯退斯兴修了一条引水道。富人出资行善的特点在于，他们以自己的善举回馈城市及居民，从而实现了源自农村的财富收益的再度分配。至于在罗马免费分粮以及皇帝时常向首都民众布施捐赠的举动，也有着异曲同工之效。

最后，上文所引的碑文还体现了罗马社会政治体系的另一大特征：只要想在公共生活中取得较高的地位，就必须拥有一定数额的财产。这不仅适用于罗马城的政治体系，同时也延及城市自治的层面。不论是想跻身元老院、进入骑士阶层，还是要成为罗马法庭的陪审团成员以及各城市的议员，都必须拥有一定数额的最低财产。最低财产的划定以社会阶层的分化为基础，可分为10万、20万、40万和120万塞斯退斯这四个档次，由此形成1：2：4：12这一比例。其中这里给出的数额便是最低财产的额度。正如小普林尼的事例所示，实际拥有的财产往往是最低标准的数倍。与此相应的是，对于由骑士阶层担任的长官（Praefekt）和行省督察使（Prokurator）以及由元老院成员充任的行省总督而言，他们所获得的薪俸可以达到其相应阶层的最低财产数额的数倍，平均下来其财产的投资回报率可以达到6%。如果据此以骑士阶层的最低财产数额来进行估算的话，那么一位骑士每年所得的收入便有24000塞斯退斯。但实际上，骑士阶层公职人员的薪俸由低到高可达6万至30万塞斯退斯。

个人财富，特别是个人所拥有的大地产的数量，乃是社会影响力的基石。然而，财产的数额却并不是决定个人在罗马帝国各个社会阶层中所处地位的唯一因素。元老院成员的身份或是世代承袭，或是由皇帝所赐，若要成为骑士阶层的领袖精英，也要得到皇帝的允准。如果某人在领兵作战或行政管理上具备杰出的才能，那么即便他并没有多少财产，这也不会成为阻碍他升迁的理由。在必要时，皇帝或其他富人亦会给予他资助，以使他达到进入元老院或骑士阶层的财产要求。于是，在军队或行政机构中历练并证明自己，便成了社会向上流动的动力。类似的事例数不胜数，在此仅举两个年代较早的例子以作说明。一位出身于苏佩莱库姆-拜里约鲁姆(Superaequum Paelignorum，今卡斯泰尔韦基奥-苏贝阔①)、名为昆图斯·屋大维乌斯·萨吉塔（Q. Octavius

---

① 卡斯泰尔韦基奥-苏贝阔（Castelvecchio Subequo）：意

Sagitta）的军队副官最初曾以长官一职统领过一支骑兵部队，之后他升迁进入军团指挥部担任由骑士阶层充任的军事保民官。随后他又转而开始了在民政机构的仕途，并先后掌管了拉埃提亚①、西班牙和叙利亚这三个行省的财政事务。在退出帝国政府机构之后，他又三度成为其家乡的市长。同样出身于拜里约鲁姆地区的还有下面这位名为塞克斯图斯·佩狄乌斯·鲁西安努斯·伊鲁图斯（Sextus Pedius Lusianus Hirrutus）的人士，他在军中一路晋升，直至担任第二十一军团位阶最高的职业军官，然后他以骑士阶层的长官身份荣升为拉埃提亚行省的总督。在这以后，他继续在其家乡位居要职，并逐渐发家致富，还为家乡捐建了一座露天剧场。因此，能否进入帝国的两大贵族阶层、跻身城市精英之列（正如上文的例子所示，这两类群体其实紧密相关），其实并不全然由家财或世袭所决定，因为这至少还可以通过在罗马城和帝国政府以及城市自治机构中担任公职实现。

---

大利中部阿布鲁佐大区城市。

　　①　拉埃提亚（Raetia）：位于阿尔卑斯山北麓介于黑森林东南、多瑙河、因河之间的地区，南自提契诺阿尔卑斯山区起直抵埃伊萨克河上游河谷，1世纪时始设罗马行省。

第五章

# 公元3世纪危机

　　奥古斯都组建了常备军，并使之成为维护帝国内外安定的工具。但军队始终是一支危险的力量。差不多在奥古斯都刚刚驾崩之后，驻扎在多瑙河和莱茵河流域的军队就因为过长的服役期限和艰苦严苛的条件而举兵反叛。奥古斯都的继任者提比略皇帝曾说，他的处境危机四伏，就如同不得不与狼为伴一般。不论是在朱里亚-克劳狄王朝终结之时，还是在康茂德皇帝被弑之后，军队都再度陷入了互相征伐的内战兵祸之中。193年，帝国一度出现了五帝并立的局面，当塞普蒂米乌斯·塞维鲁最终胜出之后，这位皇帝汲取教训，曾向他的两位儿子留下了如下的劝诫之言："你们应当团结一心，并让

军队得享富贵，至于其他人你们就无须操心了。"（卡西乌斯·狄奥[①]，76，15，2）

然而，塞维鲁皇帝劝告其子和衷共济的遗言最终却被当成了耳旁风。除此之外，他的这一治国原则也打破了罗马帝制的平民特质与军权基础这两者间的平衡关系。卡拉卡拉皇帝（211—217在位）亲善军队，统治残暴；而亚历山大·塞维鲁（222—235在位）在任时期则力图效法五贤帝，践行依法治国。但无论是卡拉卡拉还是塞维鲁·亚历山大，都无法逃脱死于非命的结局，其中前者为近臣所惧，而后者则不为军队所喜。随着马克西米努斯·特拉克斯（235—238在位）的即位，所谓军人皇帝施行武力统治的时代便由此开始。一直到285年，此起彼伏的篡位与内战都未曾停歇。帝国之内鼎足而立的诸位皇帝大多数都既非贵族，也非各大中心城市的上

--------

① 卡西乌斯·狄奥（Cassius Dio，约155—约235）：罗马帝国时期的政治人物和史学家。在康茂德皇帝（180—192在位）时期成为元老，205年前后担任执政官，后又历任阿非利加资深执政官、潘诺尼亚和达尔马提亚行省总督。亚历山大·塞维鲁皇帝颇为器重卡西乌斯·狄奥，并于229年再度将他任命为执政官。卡西乌斯·狄奥曾积二十四年之功著成《罗马史》八十卷，记述了自埃涅阿斯的神话传说直至229年的罗马历史，但该书仅有残卷留存至今。

流阶层。他们往往是行伍出身，而且大多来自巴尔干半岛乡间的募兵地区。

## 变乱的由来

罗马的帝制在塞维鲁王朝结束后的半个世纪中一直都无法为帝国再造稳定，首先就与边境局势的恶化紧密相关。对于当时来自欧亚大陆腹地的民族大迁移，罗马毫无掌控之力；异族来势汹汹，致使帝国四境告急，无力抵御。

200年左右，向西迁移的蒙古匈人抵达了位于里海、鄂毕河、伏尔加河与伊朗高原北部山脉之间的地带。而东日耳曼人——特别是其中的哥特人[①]——则开始自西向东迁移，并灭亡了罗马帝国位于亚速海之滨克里米亚半岛上的仆从国博斯普鲁斯王国。包括夸狄人[②]和汪达

① 哥特人：东日耳曼人部落的一支，自3世纪起便与罗马帝国冲突频繁，后于帝国末期对罗马城进行了三次围攻，并劫掠该城。5世纪末，西罗马帝国灭亡，东哥特人在意大利建立了东哥特王国，西哥特人在法国南部和伊比利亚半岛建立了西哥特王国。

② 夸狄人（Quaden）：日耳曼人苏维汇部族的一个分支，在与罗马人的冲突中曾与达契亚人、马科曼尼人和汪达尔人结盟，

尔人<sup>①</sup>在内的其他日耳曼部族迁徙到了喀尔巴阡山地区，并和哥特人一样逐渐与居于当地平原的游牧民族相融合。在多瑙河中游，马科曼尼人成了罗马帝国的隐患，而在莱茵河沿岸，之前四分五裂的西日耳曼人逐步形成了组织松散的几大部族联盟，即阿勒曼尼人<sup>②</sup>、法兰

---

并在民族大迁徙时期征服了伊比利亚半岛。

① 汪达尔人（Vandalen）：日耳曼民族东部的一支部族，在罗马帝国著名历史学家塔西佗（55？—120？）在世的时代曾定居于日耳曼尼亚东北部。到了5世纪，汪达尔人大部分迁移到西班牙，并最终在领袖盖萨里克的率领下入侵并占据了意大利的粮仓——北非。534年，东罗马帝国查士丁尼皇帝麾下的名将贝利萨留攻灭了汪达尔王国，重新收复北非地区，其末代国王被掳往君士坦丁堡，这一民族也从此在历史上销声匿迹。

② 阿勒曼尼人（Alamannen）：古典时代和中世纪早期的日耳曼部落联盟，其活动区域大致为今天的法国阿尔萨斯省、德国巴登-符腾堡州、巴伐利亚州的施瓦本地区、瑞士德语区、奥地利的福拉尔贝格州以及列支敦士登。3世纪时，阿勒曼尼人曾经频繁南侵罗马帝国，而此时帝国正陷于军人政变不断、皇帝频繁更迭的动荡局势之中，无力北顾防卫莱茵河以北与以东的地区，阿勒曼尼人由此得以在这一地带定居，而罗马人也将这一延伸至美因河的区域称为阿勒曼尼亚（Alamannia）。在罗马帝国晚期，阿勒曼尼人与罗马帝国征战不断，互有胜负，罗马人也在莱茵河沿线修筑了一系列要塞碉堡以防御阿勒曼尼人。

克人<sup>①</sup>与萨克森人<sup>②</sup>。抗击马科曼尼人及其他部族的战争早在马可·奥勒留皇帝时期便已开始，但奥勒留皇帝并没有彻底击溃这些部族的势力。恰恰相反的是，他们与伊扎吉斯人<sup>③</sup>、罗克索拉尼人<sup>④</sup>、萨尔马提亚人

---

① 法兰克人 (Franken)：日耳曼部族之一，主要有撒利安法兰克人和利普里安法兰克人这两支，其中撒利安法兰克人向高卢扩张，而利普里安法兰克人则越过莱茵河中游和摩泽尔河流域向南扩张，并进入莱茵河左岸的比利时高卢行省 (Gallia Belgica)。在 4 世纪至 5 世纪，法兰克人曾是罗马皇帝的同盟军。5 世纪和 6 世纪之交，克洛维一世首次统一了撒利安法兰克人和利普里安法兰克人，并建立了法兰克王国，后者在查理曼大帝时达到极盛。

② 萨克森人 (Sachsen)：西日耳曼部族联盟之一，大致于 3 世纪逐步形成，自法兰克王国的墨洛温王朝起，至少有部分萨克森人归附了法兰克王国，并形成松散的臣属关系，后来萨克森人彻底被查理曼大帝所征服。

③ 伊扎吉斯人 (Jazygen)：萨尔马提亚人的一支，最先由中亚地区迁至今乌克兰，并于公元前 44 年左右到达了今匈牙利和塞尔维亚一带。伊扎吉斯人所居之地最初曾是罗马和达契亚人之间的缓冲地带，后来伊扎吉斯人开始向罗马称臣，但尽管如此，他们仍不时侵入罗马境内，并招致罗马军队的讨伐。

④ 罗克索拉尼人 (Roxolanen)：萨尔马提亚人的一支，公元前 6 世纪至公元前 4 世纪间曾居于顿河流域南部，善于骑射。后来与伊扎吉斯人一样迁徙至中欧地区。自 62 年起，罗克索拉尼人曾多次侵入罗马帝国境内，并曾与达契亚王戴凯巴路斯结盟对抗罗马。在 106 年达契亚被罗马皇帝图拉真征服之后，罗克索

和达契亚人这些操印度−伊朗语族语言的部落一起在 3
世纪成为罗马帝国的巨大外患，其威胁之严重超过了 2
世纪。在帝国的东方，阿尔达希尔①（224—242 在位）
的萨珊王朝建立了第二波斯帝国，他效仿阿契美尼德
王朝②的第一波斯帝国，并凭借着更为强悍的武装力量

---

拉尼人和伊扎吉斯人再度入侵了多瑙河流域的罗马行省。107 年，
图拉真皇帝亲临前线，并于 108 年击败了罗克索拉尼人和伊扎吉
斯人。

①　指阿尔达希尔一世（Ardaschir I），波斯萨珊王朝（224—
651）的建立者，推翻了之前称霸伊朗的安息帝国，并于 230 年
开始对罗马的战争，以图将三十年前被罗马皇帝塞普蒂米乌斯·塞
维鲁吞并的美索不达米亚北部地区收入囊中。对罗马的战事一度
捷报频传，波斯军队挺进到叙利亚的腹地。到了 232 年，亚历山
大·塞维鲁皇帝由守转攻，双方均损失惨重，因而不得不暂时停战。
235 年，亚历山大·塞维鲁被弑，阿尔达希尔一世乘机再度入侵
罗马帝国，尼西比斯（Nisibis）以及以罗马结盟的哈特拉（Hatra）
等地先后陷落。

②　阿契美尼德王朝：公元前 6 世纪晚期至公元前 4 世纪
末由波斯人所建的西亚古国，其疆域包括今土耳其、塞浦路斯、
伊朗、伊拉克、阿富汗、乌兹别克斯坦、塔吉克斯坦、土库曼
斯坦、叙利亚、黎巴嫩、以色列、埃及等地。公元前 550 年，
居鲁士二世（Kyros II）吞并米提亚，之后历代帝王不断扩张，并
于公元前 500 年达到极盛，控制了今利比亚、希腊、保加利亚、
巴基斯坦、苏丹以及高加索地区的部分土地。公元前 5 世纪初，
大流士一世（Dareios I）和薛西斯一世（Xerxes I）发动了入侵希
腊的希波战争，但以失败告终。公元前 330 年，末代国王大流士

而号称拥有普世治权。此外，阿尔达希尔还将由琐罗亚斯德创立的教派①立为国教，从而在意识形态层面上确保帝国的统一。于是，罗马帝国又多了一个危险的敌人。

帝国四境岌岌可危，这是罗马的防御体系所无力应对的。不仅在莱茵河、多瑙河和幼发拉底河流域，敌人得以长驱直入；就连埃及、叙利亚-阿拉伯沙漠地带以及北非漫长的边境地区都不能幸免于外敌的侵犯劫掠。到了 3 世纪中叶前后，帝国大厦将倾。250 年至 275 年

---

三世被马其顿王国的亚历山大大帝击败，后遇害，阿契美尼德王朝的波斯帝国遂告灭亡。

① 琐罗亚斯德教 (Zoroastrismus)，又译"祆教""拜火教""波斯教"等，由波斯人琐罗亚斯德 (Zoroaster，约前 628—约前 551) 创立，其古波斯语名又作"查拉图斯特拉 (Zarathustra)"，意为"像老骆驼一样的男子"或"驾驭骆驼的人"。琐罗亚斯德教认为世界有善和恶这两种对立的本原在斗争，在善恶两极的斗争中，人有自由选择的意志，也有决定命运的权利。该教相信人死后，灵魂须受末日之审判，或下地狱，或上天堂。因此琐罗亚斯德教呼吁人们从善避恶，弃暗投明。在琐罗亚斯德教中，火代表着光明和善，因此礼拜圣火乃是该教的重要仪式。公元前 6 世纪末，琐罗亚斯德教曾被第一波斯帝国的大流士一世奉为国教。6 世纪时，该教于南北朝时期传入中国，因其礼拜圣火，故称"拜火教"；又因其崇拜日月等天体，故称"祆教"（"祆"字，从示从天）。

间，罗马帝国军队撤出了位于喀尔巴阡山地区的达契亚行省，当地的平民也进行了疏散。而在莱茵河沿岸，罗马在 260 年前后放弃了上日耳曼－雷蒂安长城的防线。高卢乃至西班牙和意大利的部分地区都遭到了日耳曼部族的大肆侵袭。此外，巴尔干半岛和小亚细亚也同样难逃厄运。雅典、埃莱夫西纳①、奥林匹亚②、特拉比松③以及其他诸城都陷于日耳曼人之手，并遭到劫掠。在多瑙河下游，德基乌斯皇帝④在 251 年抗击哥特人的战争中

---

① 埃莱夫西纳（Eleusis）：位于雅典西北约 30 公里处，曾发掘出大量罗马时代的遗迹。

② 奥林匹亚（Olympia）：伯罗奔尼撒半岛西北的古城，奥林匹克运动的发祥地，建造于公元前 457 年的宙斯神像曾位列古代世界七大奇迹。

③ 特拉比松（Trapezunt）：黑海沿岸城市，位于今土耳其东北部。公元前 7 世纪左右，希腊人在此地首次筑城。到了 2 世纪，哈德良皇帝下令在特拉比松修筑港口，并扩建城市。

④ 德基乌斯（Decius，约 201—251，249—251 在位）：自 3 世纪中叶起，便有为数众多的伊利里亚籍人士成为罗马皇帝，德基乌斯便是其中第一人。但与后世的伊利里亚籍诸帝不同的是，德基乌斯出身于帝国贵族，家境优渥，并成功地在元老院实现了仕途晋升。246 年前后，阿拉伯人出身的菲利普皇帝（Philippus Arabs）命德基乌斯率军前往多瑙河前线，以平定当地的叛乱。后者很快就控制了当地的局势，但却被军队拥立为新帝。249 年，菲利普皇帝在维罗纳附近被德基乌斯击溃，命丧战场。于是，德基乌斯正式称帝。在他在位的三年中，德基乌斯一直忙于对多瑙

阵亡。差不多就在同时，新波斯帝国的第二位君主——雄才大略的沙普尔一世（Schapur I）——展开了对罗马的攻势。260年，瓦勒良皇帝战败被俘。

帝国的危局造成了政治与军事重心向边境地区的转移，而这便引起了拥立皇帝与另立新君事件的频繁发生。驻扎在莱茵河、多瑙河与幼发拉底河沿岸的军团士兵往往更愿意保卫自己家乡所在的省份，他们对出征远方异乡深为反感。因此，统一部署防御便几乎是不可能的事情。帝国的颓势在伽里恩努斯①时期跌到了谷底。在高卢，波斯图穆斯②于259年自立为帝，建立了独立王国；

---

河前线的哥特人用兵。

① 伽里恩努斯（Gallienus，约218—268）：瓦勒良皇帝之子，253年至260年与其父共治帝国，在260年瓦勒良被波斯人俘虏之后，他便成为帝国唯一的统治者。伽里恩努斯在军队建设上颇为青睐骑士阶层，同时又禁止元老院阶层参军领兵，因此招致了后者的不满。在宗教政策上，伽里恩努斯取消了其父所颁行的对基督徒进行迫害的敕令。268年，伽里恩努斯亲征哥特人获胜，当得知米兰发生叛乱时，他率军回师，却在途中死于部下的密谋。

② 波斯图穆斯（Postumus）：当伽里恩努斯一度忙于和波斯萨珊王朝作战之时，他将其子萨洛尼努斯（Saloninus）立为恺撒，并命军队将领辅佐后者守护莱茵河前线，而波斯图穆斯便是其中一员。在一次大败阿勒曼尼人和法兰克人之后，波斯图穆斯所辖的部队瓜分了战利品，但萨洛尼努斯却坚持这些战利品应当上交国库。随着双方冲突的升级，波斯图穆斯率军围困了萨洛尼

在帝国的东方，伽里恩努斯任命巴尔米拉①的城主奥登

---

努斯所在的科隆，并最后攻陷了该城，萨洛尼努斯也难逃被杀的
命运。在军队的拥立下，波斯图穆斯宣布称帝，其中高卢、西班
牙、日耳曼尼亚和不列颠的各大行省几乎都承认了波斯图穆斯的
帝位。他篡夺王位而来的王国也被后世称为"高卢帝国 (Imperium
Galliarum)"。262 年和 263 年，波斯图穆斯成功地抗击了阿勒曼
尼人和法兰克人的入侵，并使之在之后的数年中不敢再轻举妄动。
265 年，伽里恩努斯讨伐波斯图穆斯，并收复了部分失地。但由
于他在战斗中不幸负伤，且此时多瑙河前线又再度告急，因此只
得罢兵回师。269 年，波斯图穆斯手下的一位将领在今美因茨被
拥立为皇帝，尽管波斯图穆斯很快就平息了变乱，但由于他拒绝
部队在战后洗劫美因茨，于是便遭到了反戈一击，最终被部下杀
死。随后，不列颠和西班牙宣布脱离高卢帝国。而这一割据王国
最终被剿灭，则要到奥勒良皇帝在位的 274 年。

    ①  巴尔米拉 (Palmyra)：古典时代城市，位于今叙利亚的
霍姆斯省。巴尔米拉在亚述诸王的编年史和《圣经·旧约》中曾
被多次提及，后属塞琉古帝国，在公元 1 世纪被罗马帝国吞并后
曾一度繁荣兴盛。巴尔米拉在罗马帝国内享有一定程度的自治，
该城拥有自己的元老院以及独立的税收体系。在瓦勒良皇帝被波
斯人俘虏之后，临危受命的巴尔米拉城主奥登纳图斯 (Odaenathus)
多次击败波斯军队，并收复了大部分陷于敌手的失地。在取得对
波斯的胜利之后，奥登纳图斯效仿波斯君主自称"众王之王"，
尽管他在东方权势显赫，近似独立王国，但他却并无公开反叛罗
马帝国之举。奥登纳图斯后来被人谋杀，但谋杀的动机至今仍扑
朔迷离。他的妻子芝诺比娅之后继续在东方开疆扩土，占领了本
属罗马帝国的阿拉伯和埃及，并由此激化了她与奥勒良皇帝的矛
盾。272 年，奥勒良皇帝率军大败芝诺比娅。

纳图斯（Odaenathus）统管整个东部地区。在奥登纳图斯死后，其妻芝诺比娅（Zenobia）甚至自称女皇。尽管伽里恩努斯不得不放弃帝国的西部和东部，任其自生自灭，但他却建立了一支灵活机动、配有强悍骑兵军团的部队，并让部队驻扎在意大利北部。正是依靠这支军事力量，后来的奥勒良皇帝才能够在273年再造帝国的统一。罗马的幸运在于，当时外敌的侵袭是全无组织的，而且他们并无灭亡罗马帝国之意，更多的只是一路烧杀抢掠。尽管如此，他们仍然令帝国摇摇欲坠。虽然后来罗马剿灭了高卢的独立王国，但先前所撤出的帝国前哨地带再也没能收复。

比领土沦丧更为严重的是，当时的帝国满目疮痍，滥采资源已是司空见惯，货币体系亦是陷于崩溃。塞普蒂米乌斯·塞维鲁皇帝曾下令开始征收实物税，以满足军需。212年，卡拉卡拉皇帝将享有罗马公民权的群体扩展至帝国全境的居民，以扩大原本专由罗马公民所承担的遗产税的征收范围。至于最为重要的变化便是，迪纳厄斯银币（Denar）的含银量一减再减：马可·奥勒留皇帝将迪纳厄斯的含银量由85%缩减到了75%，塞普蒂米乌斯·塞维鲁进一步减少到50%，卡拉卡拉皇帝下令发行了价值为迪纳厄斯银币两倍的安东尼安银币

（Antoninian），但实际上其含银量却比迪纳厄斯银币还少了 35%。到了伽里恩努斯在位时期，大量发行的安东尼安银币仅剩 2% 的含银量。于是，伽里恩努斯皇帝效仿卡拉卡拉的货币政策，故技重施地发行了价值本为 5 迪纳厄斯却仅有薄薄一层镀银的新币。这样一来，迪纳厄斯银币便沦为了信用货币。随着钱币的过量发行，货币持续贬值，这又进一步造成了物价暴涨，所有用作抵押典当的钱物以及使用钱币支付的税收与薪金也难逃贬值的命运。这是因为，政府为了从中获利，不顾当时的实际情况而坚持将已经贬值的新币价值与足值的旧币相挂钩。然而由于市价的大幅上涨，政府也需要通过强制售卖、征收实物税以及没收财产的措施来满足自身的需求，而政府在强制售卖中所支付的价格要远远低于相关物品的市场价格。此外，当时对于军需物资的价格还做出了如下规定：军粮与军服以通货膨胀前的价格向士兵出售，而剩下需要支付的大部分钱款则以实物的形式予以结清。这一做法进一步增大了通货膨胀的压力，因为这样一来，国内市场中有相当一部分的交易都变成了物物交换的形式，于是过量发行的钱币与更为紧缺的物资供应便形成了鲜明的对比。面对遭受重创的货币经济，恢复物物交换的倒退趋势在当时显露无遗。

另外，帝国政府为了满足国家所需而向民众征收物资、征召劳力的举措对于各地百姓的影响也大有不同。由于交通运输不便，政府只能在急需物资和劳动的地方就地取材，就近征用。由奥古斯都皇帝所建立的收入体系曾为帝国带来了赋税的公平，但如今这一公平荡然无存。政府一方面横征暴敛，竭泽而渔，另一方面却又未能充分利用赋税的富余空间。更为严重的是，皇帝的权威一落千丈，帝国的军队和官员中饱私囊、为所欲为。至于各行省向帝国中央的求援之请，都以应走法律程序为由而被打发了事，但所谓的法律途径在此时早已没有半点效力了。

　　这一时期未受战乱和兵祸殃及的地区则似乎有幸得享长久的太平与繁荣。当备受蹂躏的各大行省不断向外求援之时，北非的核心区域则始终保有安定与和平，而这甚至使得一些下层民众得以发家致富、出仕为官。于是，未受外界干扰的长治久安便成了此地社会发展繁荣的前提。蛮族入侵、篡位自立、内战纷争、烧杀抢掠、横征暴敛乃至货币崩盘，这些祸事对于帝国各地与各个阶层的影响都不尽相同。在享有太平的地区，民众的生活依然一切如常。

# 宗教的挑战

　　与共和制崩溃的时代一样，动荡的乱世使得人们开始怀念自古相传的神明崇拜。人们普遍认为，传统的信仰乃是社会与政治秩序的固有组成部分，心虔志诚、一丝不苟的敬神礼拜仪式可以带来诸神的赐福，亦可确保帝国的武功强盛、文治昌明。与此相反的是，背弃祖先的宗教信仰，则意味着对诸神所赐的太平之世的破坏以及对传统秩序的背离。与传统信仰的决裂导致了新的独立宗教团体的产生。一旦这些团体以魔法妖术蛊惑人心，反对皇帝的神圣地位，那么他们便会对皇帝的独裁统治造成威胁。因此，只要私人宗教团体被怀疑有威胁社会道德或政治秩序的举动，那么他们就将遭到打击，而这样的举措早在公元前 2 世纪初叶就已经出现了，并且自此以后依然屡见不鲜。

　　尽管如此，罗马却从未对外族的宗教崇拜采取全盘禁止的政策。恰恰相反，不论是对阿波罗的崇拜，还是小亚细亚的培希姆①对伟大的诸神之母的信仰，乃至是对已故皇帝的虔诚敬奉，罗马自古以来就一直在吸纳

---

　　① 培希姆（Pessinus）：古典时代城市，位于今土耳其中西部，希腊化时代的神庙遗迹至今尚存。

162

新的宗教信仰。而对公共与私人敬神崇拜的区分，也同样为新信仰的传播创造了最佳条件。在罗马帝国的疆域之内，居住着众多的民族和社群，而他们也都拥有自己的传统宗教。最后，如果帝国的所有居民都拥有罗马公民的身份的话，那么所有在帝国之内被人们所敬拜的神明难道就不需要得到一视同仁的承认吗？多神崇拜在罗马帝国占有主导地位，在信仰上的宽容体现在，这种多神崇拜以承认所有被人们所敬奉的神明皆有神性为出发点。人们往往总能在陌生之中发现为自己所熟悉的事物。比如阿波罗神、叙利亚埃米撒①所崇拜的巴力神②或者是源自伊朗的米特拉神③就都可以看成太阳神，奥勒良

---

① 埃米撒（Emesa）：今叙利亚霍姆斯（Homs），曾为罗马的仆从国，亦曾协助罗马在犹太战争中攻陷耶路撒冷。到了图密善皇帝时期，该城丧失了自治的地位，被并入了叙利亚行省。

② 巴力神（Baal）：古代迦南人宗教中的丰产之神，同时又泛指各地的守护神，原为秋季的雨神和冬季的风暴神。

③ 米特拉神（Mithras）：早在公元前14世纪的西亚地区，米特拉神便已见诸史料，其名本为"契约、朋友、盟誓"之意。在波斯帝国和古代印度，米特拉神为律法和联盟之神。到了安息帝国时期，米特拉又演变成了光明与太阳之神。后来的本都王国以及希腊化诸国的统治者取"拜米特拉神所赐"之意，常常以米特里达梯（Mithridates）为名，比如著名的本都国王米特里达梯六世。

皇帝（270—275 在位）就曾宣布在全国范围内对这种意义上的太阳神进行供奉，但这种举国崇拜神明的措施并不是要取代纷繁多彩的诸神信仰，而是要在更高层次上对诸神崇拜加以升华和统一。这样的理念超越了对单一国教的固守，在这个时代最为重要的思潮变迁中，所谓的新柏拉图主义①的宗教观也为这一理念提供了支持。

因此，归复宗教并将之作为人类存在之基，这并没有导致罗马祖传的国教与其他多神崇拜的宇宙观之间的冲突和对立。真正与罗马原有信仰发生根本性冲突的乃是基督教，而这突出体现在，德基乌斯皇帝（249—251 在位）和瓦勒良皇帝（253—260 在位）在当时试图通过

---

① 新柏拉图主义：罗马帝国晚期出现的神秘主义哲学，该学说以柏拉图的理念论与神秘主义思想为基础，并吸收、融合了亚里士多德主义、斯多葛主义等其他古典时代哲学思潮的部分内容以及东方世界的宗教哲学。新柏拉图主义的基本理论为普罗提诺（Plotinus，约 204/205—270）所提出的流溢说。根据这一学说，世间万物都是从超越一切、绝对无限的"太一"中"流溢"出来的，首先从"太一"中流出的是"努斯（希腊语：nous，即宇宙理性）"，然后再从"努斯"中流出世界灵魂，最后从灵魂中流出物质世界。在新柏拉图主义看来，物质世界与太一互相对立，而人生的目的就是要尽快脱离物质世界，以出神之状态摆脱肉身，从而与"太一"合而为一。这一思想对于基督教教义产生了重要影响。

迫害基督教信徒来达到肃清这一新兴宗教的目的。基督教源出于犹太教，尽管它早就脱离了犹太教，但两者都信仰唯一的万能之主，并无法容忍将其他神明与上帝相提并论。而这就等于是在向古典时代的多神崇拜宣战。尽管如此，基督教所处的境遇却与犹太教不尽相同。后者受到国家的保护，而前者则遭到原则上的取缔。到了3世纪，帝国终于放弃先前克制容忍的态度，转而以国家暴力对基督徒进行迫害。

犹太教与基督教的不同之处并不仅仅在于前者的古老，与基督教相比，犹太教与特定民族的生活秩序休戚相关。正是由于这个原因，尽管犹太教与多神信仰大相径庭，但它却依然具备古典时代宗教的基本特征，因为犹太教与当时的宗教一样本是古已有之，且为某一民族所特有。另外当罗马在近东地区建立统治时，犹太教仍以牺牲献祭的方式敬神，并以耶路撒冷的圣地为核心区域。当然，犹太人并不仅仅居住在巴勒斯坦，他们中的一部分散居异乡，生活在东起伊朗、西达希腊与罗马的广大地区。但当时居于圣地之外的犹太人只要能够组成自己的社群，罗马便允许他们在其社群之内依照自己的宗教戒律生活。这样的状况对于罗马人而言是古已有之的，他们也并不想改变这一现状。罗马曾让大希律王①的家族继承犹太王侯之位，亦曾将犹地亚置于自己的直接统治之下，然而无论采用何种手段，罗马都无法杜绝犹太人日益萌发的反抗之心。这种反意最终导致了巴勒斯坦以及散居各地的犹太人揭竿而起、大举反叛，同时也造成了犹太圣殿②于70年遭到捣毁，犹

---

① 大希律王（Herodes，约前73—约前4）：出身于以东人（Edomiter）之家，以东人曾被哈斯蒙尼家族征服，并强迫改宗犹太教。希律之父为哈斯蒙尼家族的近臣，在庞培平定东方之时被选为罗马帝国在犹地亚的代理人，而当时哈斯蒙尼家族的国王约翰·叙尔卡诺斯二世（Johannes Hyrkanos II）也同意向罗马帝国称臣。公元前47年，希律被其父任命为加利利（Galiläa）的总督。公元前40年，哈斯蒙尼家族内反对罗马统治的安提格诺斯（Antigonos）在安息人的支持下占领了犹地亚，并自封为耶路撒冷之王。希律出逃罗马，并被当时的后三巨头同盟任命为耶路撒冷王。公元前36年，希律击败安提格诺斯，后者被马克·安东尼下令处死。在马克·安东尼和屋大维的斗争中，希律站在了屋大维一边。

② 犹太圣殿：位于耶路撒冷，古代犹太人宗教和政治活动的中心。公元前10世纪，以色列联合王国的所罗门王始建圣殿。公元前586年，新巴比伦王国摧毁耶路撒冷，圣殿亦遭到焚毁，史称"第一圣殿"。公元前539年，波斯帝国灭亡新巴比伦王国，居鲁士大帝释放被掳往巴比伦的几万名犹太人，让他们重回耶路撒冷，于是圣殿得以重建，到了公元前1世纪，大希律王又进一步扩建了圣殿。70年，犹太人大起义遭到罗马帝国的镇压，圣殿被毁，此即历史上的"第二圣殿"。原有圣殿仅有一道长48米、高20米、深10米的残墙留存至今，被视为犹太教的圣物，

太教被剔除出献祭宗教之列，而犹太人也失去了其圣地的大部分地区。在犹太教精通典籍与戒律的学者的领导之下，犹太人得以顺应时局，因势而变。尽管犹太人的起义遭到了罗马的暴力镇压，但最终罗马也宣布犹太教可以重新在帝国的保护之下继续进行宗教活动。

暴动与起义给居住在圣地的犹太人带来了灭顶之灾，而这一反抗运动所回击的正是异族统治、苛捐杂税、罗马总督的政策失误以及犹太民族与巴勒斯坦地区尊奉异教信仰、崇尚希腊文化的民众之间的矛盾冲突。但起义发生的背景却是犹太人在宗教与政治上对于救赎者的期待，因为他们相信，救世之人将冲破异教徒的枷锁，并建立起上帝选民的统治。但这一祈愿所带来的教益却因人而异，大有不同。所谓的奋锐党人①（即狂热的信徒）决心以武力和恐怖开启伟大的最后一战，上帝的天国王朝与罗马人的邪恶帝国将一决雌雄；其他人则抱着

---

又称"哭墙"。

① 奋锐党人（Zelot）：《圣经·新约》中对1世纪前后下层犹太人狂热派的称呼，本意为"热诚之人"，即热诚维护上帝律法之人。他们宣称雅赫维乃唯一的主，强烈反对罗马人的入侵和犹太的统治阶级，并狂热地宣传弥赛亚即将来临，犹太人民将因此获救。自6年起的60余年中，奋锐党人屡次领导起义，并最终导致66年犹太人民大起义的爆发。

踌躇观望的态度，他们各自抱团结社，持守戒律，虔心向教，并以此静待审判之日的降临；还有一些人则将希望寄托在全体犹太人身上，他们祈求上帝的天国尽早降世，并敦促众人回心转意。正是在这样一个狂潮激荡的社会中，萌生了奋锐党人的战斗豪情、艾赛尼派①的神圣社团、施洗者约翰②的忏悔运动以及耶稣的传教布道。面对国内愈演愈烈的动荡之势，罗马当局开始倾向于采取暴力手段，以预防乱局的蔓延升级。曾有犹太人自立为王，他们在拥护者的支持下意图强占圣城及圣地，但最终命丧罗马人之手的不仅仅有他们，还有因煽动造反而遭到处死的施洗者约翰与拿撒勒的耶稣。被钉死在十

---

① 艾赛尼派（Essener，希腊语：Essenoi）：公元前2世纪至1世纪的犹太教派别，本意为"圣者"或"虔诚之人"，他们反对哈斯蒙尼家族的统治，宣扬弥赛亚即将来临。在哈斯蒙尼家族阿里斯托布鲁斯二世（Aristobulos II，约前100—前49，前67—前63在位）时期，艾赛尼派遭到当局迫害，不得不远离城市，退避山野乡村，他们建立起具有高度组织性的互助社团，集中财产，自食其力，严守戒律，禁欲清修。66年，艾赛尼派也参与了反抗罗马统治的犹太人民大起义。

② 施洗者约翰（Johannes der Täufer）：据福音书记载，早在耶稣传教之前，约翰便已开始劝人悔改，并在约旦河中为人施洗，传说耶稣也接受过约翰的洗礼。后来，约翰因指责犹太的希律王而被斩首。在基督教中，约翰被奉为耶稣的先行者。

字架上的耶稣被罗马视为妖言惑众的预言术士与鼓动反叛暴乱、散布救世谬论的元凶，但在他的信徒看来，耶稣便是众人所望的末世救星。于是，从弥赛亚主义的思想根基中，诸如犹太人大起义乃至基督教诞生等纷繁复杂的事端便应运而生。

当然，基督教要想成为一个全新的宗教，就必须脱离犹太教所赖以生存的土壤。正如后来的历史所示，这一演变的实现不仅依靠精神与世俗的领导阶层对于耶稣救世的认可与信服，而且还有赖于民众中的绝大多数最终皈依信教。使徒保罗对异教徒的传教布道，便是在因有犹太人散居而已有犹太信仰基础的地方开始的。在犹太会堂的信众群体周围，常有对犹太教心怀好奇、不存芥蒂的异教徒，而他们便是所谓的"敬畏上帝之人"。正是这些人形成了最初的非犹太裔的基督徒社群。在这一过程中，割礼与众多的戒律遭到了抛弃，但有关道德的诫命却被保持了下来，并得以保有尤为极端的形式。至于基督徒的核心信条便是，他们宣称基督具有神性。

在异教主宰的世界，这一新兴宗教不断侵吞旧教的地盘，抢夺后者的生存之权，这显然会招致众怒。根据历史记载，早在 2 世纪伊始，小亚细亚北部的神庙便已荒废，而用于献祭的肉品亦无销路。基督教学者以叛入新教的热情对异教大加挞伐，而反过来，恼羞成怒的异教徒也把不敬神明的基督徒当作瘟疫、火灾以及自然灾害等祸事的替罪羊。作为人类的仇敌，基督徒被怀疑企图秘密颠覆传统习俗。尼禄皇帝就曾于64年以纵火之罪肆无忌惮地迫害基督徒，从而借此来转移人们对他下令焚毁罗马的怀疑。当众多对基督教的责难屡见不鲜、永无止境之时，罗马皇帝为了对这一引起动荡的新兴宗教加以限制，同时又为了避免在国家层面上对之进行公然迫害，便开始寻求新的解决之道。图拉真皇帝曾下令，不能缉捕基督徒，亦不能对他们进行匿名告发。只有当人们依法对基督徒提起控告，而他们却拒绝以献祭敬神的方式来换取免刑之时，才能对基督徒进行惩处。这样一来，基督徒便被置于一项特设法律的管理约束之下。图拉真皇帝一方面顾及了群情激奋的大多数民众对于基督徒的厌恶反感，另一方面又为基督徒免于刑罚创造了捷径。正如抨击皇帝的基督徒特土良①

———————

　　①　特土良（Tertullianus，约160—约225）：又译"德尔图良"，第一位拉丁教父，生于北非迦太基城，193年皈依基督教，197年著《护教篇》（Apologeticum），在书中抨击罗马帝国阿非利加总督迫害基督徒，并列举对基督徒所控诸罪皆为不实之言。另外他还在文中声明基督徒并不反对罗马帝国和罗马皇帝，并可为

所说的那样，对于基督教，图拉真一边网开一面，一边却又时刻警觉。在这一时期，尽管有个别基督徒被定罪，但总体而言，图拉真皇帝的政策还是促进了这一新兴宗教的传播。

3世纪，帝国陷入了层出不穷的危机之中，正是在这样的压力之下，德基乌斯和瓦勒良皇帝转而开始了对基督徒的主动迫害。除了犹太人之外，德基乌斯下令所有的帝国居民都必须为皇帝的安康与帝国的兴盛而献祭，同时居民还须办理相应的证明，以表明完成了献祭。在当时的形势下，这一举措所针对的只可能是基督徒，至于因拒绝献祭而遭到惩处的也就是基督徒而已。之后，瓦勒良皇帝改变了迫害策略：他要求神职人员、元老院成员、骑士、高级官员以及贵族妇女都进行献祭，如若有人违逆，就会遭到死刑、财产充公或者驱逐出境以及强迫劳役等处罚的威胁。礼拜集会及祭扫基督教墓地的活动都触犯了死罪，是遭到禁止的。

随着迫害者的落难——德基乌斯丧命于抗击哥特

---

之祈祷，同时力劝帝国当局与其迫害基督徒却徒劳无功，还不如宽大为怀、许之以合法地位。另外，特土良在其著作中还首创了包括"三位一体""位格"等概念在内的众多拉丁文术语，为后世所沿用。

人的战斗中，而瓦勒良则沦为波斯人的阶下囚，对基督徒的迫害活动也告结束。但罗马帝国与基督教的斗争仅仅是被延迟了而已，并未真正消弭。

# 第六章
## 古典时代晚期的帝国

当戴克里先于 285 年成为帝国唯一的皇帝时，他与其前任一样也面临着诸多悬而未决的严峻问题：帝国的疆界必须得到巩固，帝制必须再度成为国内安定的保障，税收与财政体系必须进行改革，货币必须重新得以稳定，而来自宗教信仰的挑战也必须得到妥善处理。对于所有这些问题，戴克里先皇帝都提出了应对的措施，但问题的最终解决却要等到君士坦丁大帝在位时期。其实，这位皇帝才真正开创了古典时代晚期的帝国，他于 330 年建立了君士坦丁堡，从而使得罗马帝国拥有一座基督教的首都，即"第二罗马"。在历史影响力上，只有奥古斯都皇帝才能与之相提并论。

# 戴克里先与君士坦丁的改革维新

在军人把持皇权的时代，为了保卫帝国边界而多线作战，这常常会给篡位者窃据帝位以可乘之机。篡位自立所造成的后果便是内战兵祸、边防松弛以及在一定情况下帝国的分裂。为了避免出现诸帝互相征伐的乱局，戴克里先提出了诸帝共治的构想。但共治诸帝和睦一心的前提自然是戴克里先的同僚能够无条件地忠于这一共治制度的首创者。285 年至 293 年，所谓的四帝共治（Tetrarchie）开始逐渐成形，而这一制度的产生实乃出于分工治国的需要。四位皇帝分别负责治理帝国的某一部分：戴克里先统辖东方与幼发拉底河边境地带，伽列里乌斯治理巴尔干半岛与多瑙河下游地区，马克西米安负责管理意大利、北非与多瑙河上游，而君士坦提乌斯一世则统御包括高卢和莱茵河边境在内的帝国西方。所有四位皇帝都是伊利里亚–潘诺尼亚地区的军官出身。共治皇帝之间又有主次二分：奥古斯都（戴克里先和马克西米安）的地位要高于恺撒（伽列里乌斯和君士坦提乌斯），而后者又被指定为两位奥古斯都的继任者。戴克里先在这一制度中的突出地位是以他自身的威权为基础的，而这一地位体现在，戴克里先在程序上拥有制定普适法律的优先权。在宗教上，戴克里先的突出地位体现在他以朱庇特为庇护神，后者正是罗马国家祭礼中地位最为崇高的神明，而马克西米安则选择了赫拉克勒斯作为其守护神。在戴克里先领衔诸帝的时期，这一体制证明了自身所具有的维护国内安定的力量。但当戴克里先和马克西米安于305年一同退位之后，由于四帝共治的体制忽视了王朝传承的原则，所以帝国再度陷入了动荡和内战之中。乱世的年代直到324年才彻底终结。在这一年，君士坦提乌斯一世之子君士坦丁大帝成为帝国唯一的皇帝。他将自己的诸位儿子提升为共治皇帝，并指定他们作为自己的继承人，这样一来，君士坦丁便将诸帝合作共治的体制与王朝世袭传承的原则结合了起来。以此为外在形式的诸帝共治体系一直到狄奥多西王朝灭亡（该王朝在东部帝国的统治结束于450年，在西部帝国的统治则终结于455年）都成功地确保了帝国国内的相对稳定。在这一时期，尽管篡夺皇位的现象依然存在，却再也没有达到军人皇帝时代那般危险的程度。

此外，戴克里先还成功地捍卫了帝国的疆界。伽里恩努斯和奥勒良两位先帝对于再造帝国安定而言功不可没，前者创立了一支机动部队，而后者则剿灭了帝国东方和西方的割据政权。但当戴克里先恢复帝国边防的僵化体制之时，由两位先帝所缔造的有利条件便再度发生了变化。在 306 年之后的内战时期，君士坦丁皇帝又对部分军队进行了重组。于是，他实际上成了古典时代晚期机动部队的创建者。4 世纪时，帝国的机动部队员总计约 22 万之众。这支军队由大元帅（magistri militum）负责统领，并作为强大的后备进攻力量分驻帝国各地。至于军队主体部分的人数可达 40 万以上，他们依然驻防在帝国的边境区域。守御边疆的部队由各部司令负责指挥。古典时代晚期的这支新军队在人数上超出了塞维鲁王朝时期军队员数量的三分之一。另外，与元首制时代相比，在对当时军队员总数的三分之一进行重组之后，古典时代晚期的帝国军队能够更好地适应当时帝国所面临的战略形势。在 4 世纪时，这支大军不仅能够捍卫帝国的疆界，而且还能进行有限的反击以及——正如查士丁尼皇帝于 363 年进军波斯所显示的那样——较大规模的进攻。

要支付扩军后的军费开支，就必须对完全崩溃的税收财政体系进行改革。此外，特别是为了保障士兵军饷以及官员俸禄，还须重振帝国的货币系统。然而，戴克里先没有能够成功恢复帝国货币系统的稳定，直到后来的君士坦丁才解决了这一问题。他发行了一种名为苏勒德斯（Solidus）的金币，从而为帝国货币系统的部分恢复奠定了基础。

在上缴实物税以及征发劳役方面，戴克里先的改革则显得更有成效。在他的领导下，帝国开始设定新的征税单位，并根据土地和劳动力以及人力劳动和畜力劳动来估定税额。在军人皇帝当政时期，肆意征税的不良之风司空见惯，与之相比，继承了罗马帝国先前的各个税收体系不同传统的新税收制度则带来了更大程度的税收公平：它更为充分也更加公平地利用了赋税潜能。除此之外更为重要的是，新制度使得军队、行政以及皇帝中央政府的财政需求成为征税额度的核算依据，但这同时也为提高税额提供了便利。

帝国的高级官员以及各个城市议会仍需负责分配应缴税额、征收税款以及组织帝国所需的徭役。帝国的行政机构则需组织并监管赋税体系，在行使这一职能之时，行政机构亦有司法裁判与刑侦查案之权。为了让各省总督能够胜任这两大方面的工作任务，单是靠扩充总督幕僚并对之加以重组是不够的。除此之外，行省的规模亦需进行大幅缩减，行省数量从约 50 个左右增加到了100 个以上，甚至连意大利也无法继续保有在这个号称是"罗马公民的帝国"中的特殊地位，因为它也被纳入行省的重新划分之中。由于行省的数量众多，帝国又幅员辽阔，于是又设立了两个高于行省的行政区划：其中居中的行政建制乃是禁卫军副官辖区（Vikariat），而最高的则是禁卫军长官辖区（Praetorianerpraefektur），它构成了帝国行政区划的顶端。罗马帝国之内一共设立了三到四个禁卫军长官辖区：高卢（以及帝国西部）、意大利与北非、多瑙河中上游各大行省与巴尔干半岛（除了色雷斯禁卫军副官辖区之外）以及广袤的东方禁卫军长官辖区（从多瑙河下游直至昔兰尼加）。

这一改革所带来的另一个后果是，除了个别例外情况之外，源于共和国时代、集民政管理与军事指挥大权于一身的禁卫军长官被废除了。与在元首制时期的前身相比，古典时代晚期作为政区首长的禁卫军长官由此获得了另外的职能。这一时期的禁卫军长官不再担任军事指挥部的首长，亦不再统领禁卫军，同时他们也不再供职于帝王宫廷，不再代替皇帝行使司法裁判之权。他们成为皇帝中央政府管辖之下的帝国最高行政建制的长官。在分管帝国各地的共治皇帝的朝廷之上，原先分离的军事指挥与民政管理之权又重新归于一处。其中最有权势的官员除了大元帅（Heermeister）之外，还有位列宫廷诸官之首的御前监察大臣[①]。

罗马帝国晚期的官僚体系促使近代史家提出了古典时代晚期的帝国已成为一个暴力集权国家的观点。这一时期的皇帝极为频繁地发号施令，而这无疑会让人不禁产生这样一种印象，即元首制时代皇帝克己自律且又谨小慎微地因循旧制、步步为营的统治已不复存在，取而代之的则是帝王试图通过警告惩戒之举对所有的生活领域进行干预管辖。然而，相同或相近法令的频繁颁行，严刑峻法的恐吓威胁，乃至道德说教的强行灌输，这些都反映出了该现象的另一个方面：国家权力的贯彻能力与帝国政府的统治意愿并不相称。

造成这种不对称现象的原因一方面在于帝国本身幅员广袤，千里传令耗时长久，因此要想实行百密而无一疏的控制是不可能的。于是，单是因为这个原因，国家政令的效力就已经打了折扣。此外，罗马帝国的社会按

---

① 御前监察大臣（magister officiorum）：关于这一官职的记载首见于君士坦丁一世时期，但很可能在戴克里先时期就已设置。御前监察大臣位居宫廷诸官之首，主管公共邮驿、皇家军械制造并统领大多数宫廷官员。自5世纪起，御前监察大臣至少还在东罗马帝国获得了对边防军的监察之权。此外，他还负责统领一部分皇宫卫队。在西罗马帝国灭亡后，这一官职在奥多亚塞统治时期和后来的东哥特王国依然得到沿用。

照不同的阶层划分成了各个等级，其中的上层社会由互相竞争的官僚精英所组成。当某人身为元老阶层且在皇帝的朝廷内担任官职时，他便不能再行使本为城市议员所属的职权。这样一来，便产生了鱼与熊掌不可兼得的矛盾，而皇帝的政府亦无力将矛盾化解。尽管国家为了确保财政高效运转而曾不遗余力地对个人在社会层级中的地位予以明确规定，但是当时社会实际上仍然为高度的流动性所主导。而皇帝自己也助长了这一势头。自君士坦丁起，位居元老阶层的公职人员和特权阶级得到了不断扩大。到了最后，大地产主、军队将领和基督教时期的主教形成了一个颇有权势的阶层，他们在一定情况下有意愿也有能力庇护小农与雇农阶层以及城市民众，以使之免受行政干预。这样的社会发展趋势以及由此而来的矛盾，虽然并没有让罗马帝国晚期的官僚与财政体系陷于崩溃，却大大削弱了本身的执行效力。

## 基督教时代的帝制

3 世纪中叶，德基乌斯和瓦勒良皇帝曾下令迫害基督徒，但这仅是一个短暂的插曲。直到戴克里先在位时期，由于帝国内外已定，皇帝才有可能再度开始对基督徒的迫害。戴克里先深信基督教与罗马的生活秩序是不可调和的，出于这个原因，他开始奉行反对基督教的政策。起先，他下令将基督徒逐出军队和朝廷。之后，他的反基督教举措日益升级，演变成了对基督教信徒的血腥迫害（303—304）。在帝国的东部，这一新兴宗教的信徒广布，而戴克里先的继任者伽列里乌斯更是坚决贯彻了对基督徒的迫害政策。与此相比，治理帝国西部的诸位皇帝在迫害政策开始两年之后便终止了相应举措（而原本的反基督教活动也并不涉及血腥暴力）。在行将离世之际，伽列里乌斯也终于放弃了对基督徒的迫害。311 年 4 月 30 日，这位皇帝颁布了宽恕赦令，在该赦令中，他虽然再度为迫害基督徒的宗教动机加以辩护，但也承认迫害政策的最终失败，并宣布对基督教宽大为怀、网开一面。既然无法彻底铲除基督教，那么至少也得恢复帝国的国内安定。在帝国的东部，各大城市信奉异教的领导阶层对此颇不满意，在他们的施压之下，伽列里乌斯的后继者马克西米努斯同意重启对基督徒的迫害。

形势的重大转折自君士坦丁皇帝而始，后者在 312 年与马克森提乌斯[①]的内战中获胜，由此取得了对整个

---

① 马克森提乌斯（Maxentius，约 278—312）：马克西米安之子，就在君士坦丁被拥立为帝的 306 年，马克森提乌斯也在驻

帝国西部的统治权。在与马克西米努斯决战的前夜，君士坦丁与其共治皇帝李锡尼约定，基督教将与其他宗教平起平坐。与伽列里乌斯勉为其难地宣布对基督教网开一面相比，这一决定可谓是一个重大突破。此外，该举措还将基督教这一新兴宗教纳入如下为多神教所熟悉的理念之中，即所有的神明均由唯一的至高神幻化而成。但这一决定本身尚且还不意味着独尊基督教一教。另一方面，因本身的信条教义，新兴的基督教终究也无法满足单纯和所谓的异教邪说平起平坐的地位。但与李锡尼截然不同的是，君士坦丁在宗教政策上走得如此之远，以至于他仅将基督教的上帝视为唯一的至高神。

皇帝与教会结成同盟，这不仅对双方而言具有深刻的意义，对于整个帝国而言也是如此。教会由此得以免于迫害，此外，它也将得到物质上的扶持和资助。最后，教会本身也会不由自主地利用世俗之权来打击异

---

守罗马的禁卫军和都会大队的支持下宣布称帝。当时共治的诸位皇帝决定对他进行武力征讨，但新晋奥古斯都的塞维鲁却讨逆失利，战败而亡。马克森提乌斯控制了包括意大利、北非以及西班牙在内的土地，但他的帝位并未获得当时地位最高的皇帝伽列里乌斯的承认。312 年，君士坦丁皇帝在著名的米尔维安大桥战役中击败了马克森提乌斯，后者在试图跨过台伯河时坠马落河，溺水而亡。

教徒和分裂教会之人。然而在获得特权的同时，教会也丧失了内部的独立自主。皇帝不仅可以参与决定教士的任命，而且自 4 世纪起直至 6 世纪，他们还在制定教义上拥有重要的发言权。基督教时代的皇帝通过尊崇基督徒而在宗教上所获得的神圣与威严，也要胜过他们因终止异教对皇帝的献祭而丧失的崇高与伟大。更有一些皇帝试图强迫教会接受他们自己所认为的信仰真义。无论如何，皇帝确实卷入了当时的信仰纷争之中，而在这些纷争中皇帝旗帜鲜明的态度更是加剧了已然因宗教而陷于对立的罗马社会的四分五裂。教会得以分享世俗之权，而皇帝亦可决定教会的发展走向。在教会有关圣父、圣子和圣灵①以及耶稣人性与神

---

① 此处即指有关"三位一体"的教义分歧。所谓"三位一体"是指上帝是唯一的，但是包含圣父、圣子和圣灵三个"位格"，三者结合于同一"本体"。当时基督教主要分为两派，其中一派反对"三位一体"，以阿里乌（Arius）为代表，他们认为基督是人，不是神，乃由上帝所造，因而低于上帝；另一派以亚他那修（Athanasius）为代表，他亲著《反阿里乌教派》（*Orationes Quatuor Contra Arianos*）一书，反驳阿里乌的"圣子被造说"，坚持圣父、圣子、圣灵乃同性同体的观点。325 年，尼西亚大公会议接受了亚他那修"三位一体"的观点，并将阿里乌派斥为异端。但在罗马帝国晚期哥特人和汪达尔人所建立的国家中，阿里乌派的教义传布颇广。

性关系①的教义论争中，皇帝都施加了影响，但其权力均止于神学论战的本有要义之外。

宗教与信仰成了帝国政治的一大主要议题。当尤利安皇帝（361—363在位）最后一次企图恢复异教的国教地位之时，他以异教神学家和教会政治家自居，来领导这场斗争。尤利安通过论战文章与基督教对战，这位皇帝在其神学宣传手册中传布他从新柏拉图主义中所汲取的异教信义，并试图建立异教教区的信仰活动、颁行异教教规乃至设立统辖全教的异教教会组织。尤利安认为，学生在学校所阅读学习的古典文学作品均与信仰相关，因此他下令禁止信奉基督教的教师对这些文学作品进行解读阐释。尤利安反对基督教的举措是精神层面上开展的，并且还效法了本为对立面的基督教的一些做法。

---

① 此处即指基督一性论（Monophysitismus）与基督人神二性说（Dyophysitismus）的争论。基督一性论认为，耶稣基督的人性完全融入其神性，因此只有一个本性。基督人神二性说认为，耶稣基督具有人神二性，他既是完完全全的神，又是完完全全的人，且神性与人性不可改变、不可分割、不可离散、不相混乱，处于同一位格之中。基督人神二性说在451年的迦克墩大公会议上得到最终确立，且为西方所有基督教会所承认，唯一的例外是拒不承认《迦克墩信经》的东方正统教会（又称"旧东部派"，并非后来的"东正教"），该教会最迟在迦克墩大公会议后便已脱离罗马帝国基督教会自立门户。

作为最后一位信奉异教的罗马皇帝，尤利安因精神而生，亦曾与精神斗争。

狄奥多西皇帝（379—395 在位）结束了对异教祭礼勉强容忍的政策。进行异教献祭的人甚至会遭到残忍血腥的刑罚，而这刑罚原本是用来惩戒以巫术对帝王本人进行诅咒的行为的。然而，在上流社会受到良好教育的人士以及生活在农村的民众间，传统的异教信仰依然颇受支持。在备受打压之后，异教被迫转入地下。为了彻底铲除异教信仰，帝国政府和教会不得不与之进行旷日持久的斗争，而这一斗争直到 6 世纪都尚未结束。

犹太教即便是在信奉基督教的诸帝统治时期依然得以享有国家对之在原则上的庇护。尽管如此，居住在巴勒斯坦以及流散他乡的犹太人的处境仍然日益艰难。自 5 世纪初开始，新建犹太会堂就遭到了禁止。犹太人与基督徒结婚将以通奸罪论处，而改信犹太教更是遭到了全面的禁止。查士丁皇帝（即查士丁一世）不允许犹太人拥有信奉基督徒的奴隶。自 5 世纪起，犹太人便被逐出了各个公职岗位。查士丁皇帝（518—527 在位）使得犹太人在民事权利上备受歧视，而在这之前，异教徒及离经叛道之人也遭受了同样的贬低和蔑视。自 5 世纪起，开始出现了零星的以暴力干涉宗教信仰的事件：犹太会堂遭到破坏,更有非基督徒被强迫受洗皈依。这些行为的始作俑者乃是一些狂热的基督徒以及个别的高级神职人员,而并非由国家所为。诸位皇帝与大多数主教都坚持遵循原有的法令规章。这些规定一方面确保了犹太人的信教自由,另一方面则将之贬斥为二等公民。基督教在一定程度上为古已有之的反犹太主义提供了神学上的依据,而这一举动也是不无成效的。与此相反,面对自身日益恶化的处境,犹太人也不时以武力做出公然回应。巴勒斯坦曾发生了多次起义,而当波斯人在福卡斯①与希拉克略②这两位皇帝在位时期入侵帝国之时(602 之

---

① 福卡斯(Phokas,约 547—610,602—610 在位):602 年,东罗马帝国皇帝莫里斯(Maurikios)下令向巴尔干半岛的多瑙河前线进军,并强令军队在天气不利的情况下展开攻势,当时福卡斯恰好在军中任百夫长。后来军队发生了哗变,并拥立福卡斯为新帝。于是军队回师反攻君士坦丁堡,与此同时都城也发生叛乱,莫里斯皇帝出逃迦克墩,之后便被福卡斯派人杀害。在福卡斯统治时期,东罗马帝国在日耳曼诸王国面前的威望和霸主地位日渐丧失。意大利被让给了伦巴第人,而巴尔干半岛上的斯拉夫人和阿瓦尔人也获得了喘息之机。另外,福卡斯无力阻挡阿拉伯人的入侵,从而使得帝国日益衰微。610 年,福卡斯被希拉克略推翻。

② 希拉克略(Herakleios,约 575—641,610—641 在位):东罗马帝国皇帝,在登基之后继续推进前任皇帝对波斯萨珊王朝的战争。起初,东罗马帝国遭到大败,波斯大军直抵博斯普鲁斯

后），犹太人和撒马利亚人①借机烧毁了基督教堂，又把基督徒的宅第洗劫一空，并强迫他们叛离基督教。

然而，对于帝国统一更具威胁的则是基督教内部的信条教义之争。神学家们或是就圣父、圣子和圣灵之间的关系展开了吹毛求疵的争辩，或是围绕着耶稣神性与人性的关系进行了咬文嚼字的论战，这在渴望得到救赎的众多基督徒看来，可谓具有出人意料的轰动性影响。

---

海峡，首都君士坦丁堡因牢不可破的高大城垣和海军部队的有力护卫而得以幸免于难。之后，希拉克略着手改革军队、增强战力，并最终将波斯人赶出了小亚细亚。东罗马军队长驱直入，迫使波斯求和。然而在击败波斯、收复失地之后，希拉克略又面临着另一个大敌，这便是新近崛起的阿拉伯人，后者迅速将波斯萨珊王朝灭亡，并进占了东罗马帝国的叙利亚、美索不达米亚、亚美尼亚和埃及，帝国的疆土得而复失。但所幸东罗马帝国守住了小亚细亚，并固守迦太基长达六十年。另外，在希拉克略统治时期，希腊语于620年正式取代拉丁语成为东罗马帝国的官方语言。

① 撒马利亚人（Samaritaner）：公元前935年左右，以色列联合王国分裂成南北两部，北称以色列王国，以撒马利亚为都；南为犹太王国，以耶路撒冷为都。撒马利亚人原先便指北国以色列人。公元前722年，以色列王国被亚述人所灭，亚述王让外地迁来的异族人和未被掳走的以色列遗民杂居，于是便形成了新的混合民族，因此后来"撒马利亚人"便指的是这一混合而成的新民族。撒马利亚人所信奉的宗教与犹太教基本相同，但他们的《圣经》仅有"摩西五经"。另外，他们的圣地不在耶路撒冷，而在撒马利亚山。

当诸派在教义之争中试图一分高下之时，教会与世俗强权的巨大利益也自然介入其中。对于离经叛道、企图分裂教会之人，政府始终在大举镇压与放任自流之间摇摆不定。在阿拉伯人入侵帝国（636）的前夜，正教教徒与基督一性论派（他们认为基督只具有独一的神性）之间的冲突使得当时的社会风气深受毒害。在埃及以及近东部分地区，大部分民众均信奉基督一性论，而他们对于帝国的忠诚也因此严重动摇[①]。

在皇帝与教会结成同盟的影响之下，教会的组织架构也开始大幅向帝国的行政区划靠拢。在皇权尚未施加影响之时，各个城市便已于2世纪建立起了由主教所领导的教区。为了调解阿里乌派之争——该论争所涉议题事关圣父、圣子和圣灵之间的关系，君士坦丁皇帝于325年在小亚细亚的尼西亚召开了由主教参与的第一次帝国大公会议。此外，这次宗教会议还决定各行省每年应召开两次宗教会议。教省的划分大体上与作为帝国政

---

① 在从东罗马帝国手中夺取了叙利亚和巴勒斯坦地区之后，阿拉伯人开始向帝国的粮仓埃及进军。642年，亚历山大城落入阿拉伯人之手，而东罗马帝国军队的反攻未获成功。于是，叙利亚和埃及的大部分民众自行与阿拉伯人达成了妥协，因为他们基本都是基督一性论的信徒，而东罗马帝国皇帝却坚持基督人神二性说，两者在宗教信仰上冲突不断。

区的行省划分一致，在此基础上形成了教会的总主教<sup>①</sup>制度。另外，参照禁卫军副官辖区的行政建制，教会还初设了更高一级的宗教辖区，其中亚历山大城和（叙利亚）安条克的宗主教<sup>②</sup>以及罗马与迦太基主教的地位尤为尊崇<sup>③</sup>。后来在君士坦丁堡召开的第二次大公会议（381）又规定，君士坦丁堡宗主教的尊位仅次于罗马教皇。在教会的组织架构上，帝国东西分立之势便已初现端倪。

在君士坦丁皇帝改变罗马帝国对基督教的政策之后，教会成了帝国之内继皇帝与元老院贵族之后第三大拥有地产的群体。除了在城市以及帝国行政机构中任职的世俗精英之外，高级僧侣也成了新的领袖阶层，并可通过教会的收入获得薪俸。教会组织与神职人员自然都

---

① 总主教（Metropolit, Erzbischof）：又称"大主教"，罗马天主教和东正教中掌管由多个教区所组成的教省的主教。总主教负责召集教省内各教区主教参会，商讨各项教务。

② 宗主教（Patriarch）：东正教、罗马天主教和东方正统教会中位阶最高的主教。宗主教可在自己所辖教区之内召开宗教会议，并可任命主教、划定主教管区以及制定教会法律。东正教的宗主教在汉语中通常译为"牧首"。

③ 后来，基督教按照主教的治权范围，逐步形成了"教皇—枢机—宗主教—总主教—主教"的教阶体制。东正教并无教皇和枢机这两个等级，宗主教（即牧首）即为教会的最高领导。

有日常用度，其开支来源于地租、捐赠以及国家补助，而且要远高于原本异教崇拜仪式所必需的花费。除了埃及之外，各地传统异教所拥有的土地要远少于基督教的教产，而异教教士在城市中担任祭司之职通常也是没有报酬的。但从另一个方面来看，教会的日常收入中有相当大的一部分——大约四分之一——都被用于救济寡妇孤儿、照料贫病之人。此外，教会所获的资助与捐赠中有部分还被限定了相应的用途。拯救世人灵魂的担当与仁爱为怀的基督教信条促进了教会收入的再分配，从而使得贫民与弱者由此获益。贵族阶层曾为树立自身的威望而仗义疏财，各个大城市为了安抚下层民众日积月累的不安情绪也曾不得不博施济众。与之相比，基督教的扶危济困之举则出于全然不同的动机。

# 第七章
# 民族大迁徙

在民族大迁徙的狂潮中，罗马帝国日渐衰微以至崩溃。帝国的瓦解始于 376 年日耳曼各大部族联盟越过边界进入罗马帝国境内。直到阿拉伯人于 7 世纪征服近东与北非地区，民族大迁移才告终止。在这一进程的大背景下，西罗马帝国最后一位皇帝被日耳曼人出身的大元帅所废黜（476），便不再意味着一个历史阶段的终结。除了部分飞地之外，定都于君士坦丁堡的东罗马皇帝仅能保有在小亚细亚和巴尔干半岛南部的统治。尽管他以罗马皇帝的身份坚称自己拥有普世共主的地位，但实际上却只不过是一个通行希腊语的帝国的统治者而已。地中海在政治与宗教上大一统的局面分崩离析。8 世纪初,阿拉伯大军进逼西班牙。在原先帝国的西部,形成了法兰克王国,而这便是法兰西和德意志王国的共同根基之所在。此外,在巴尔干半岛上也建立了新的帝国。在组织层面上,东西教会的分裂愈演愈烈。随着伊斯兰教的扩张,基督教丧失了原先位于地中海的核心地带。

## 帝国的分裂

与 3 世纪时的情形颇为不同的是,此时莱茵河与多瑙河流域日耳曼人的入侵不再以大肆劫掠为目的,他们人多势众,难以节制,并请求定居在罗马帝国境内。日耳曼部族联盟大规模地进入罗马帝国,并不是因为当时帝国境内与落后的中欧地区之间依然存在着贫富差异,而是因为他们自己遭到了驱逐。匈人于 4 世纪到达了喀尔巴阡山区,于是哥特人和其他东日耳曼部族便纷纷奔逃躲避。376 年,西哥特人在多瑙河下游请求罗马帝国的接纳。帝国同意了他们的请求,于是日耳曼人蜂拥而至之势犹如大堤决口一般再也无法阻挡。物资供应的难以为继以及罗马官吏的贪污腐败,使得日耳曼人揭竿而起。囚犯与矿山中的奴隶也加入哥特人当中。378 年,瓦伦斯皇帝在哈德良堡①战役中丧生。直到 382 年，狄奥多西一世才与蛮族签订了和约。在和约中，他承认西哥特人拥有独立的主权，并将之纳入帝国在多瑙河下游的防御体系之中。之前罗马帝国都是在国境之外与异族部落缔约结盟，从而以此来控制边疆前哨地带。但在 382 年的和约中，先前用来保卫国境之外前哨地区的办法变成了如今用以巩固帝国内部防线的手段。这一举措所带来的后果在数年之后便将显现。

当狄奥多西皇帝为讨伐篡夺皇位的尤吉尼乌斯（Eugenius）——他被日耳曼人出身的大元帅阿波加斯特②立为帝国西部的皇帝——而起兵前往意大利时，一

---

① 哈德良堡（Adrianopel）：今土耳其城市埃迪尔内，邻近希腊和保加利亚边境。此地曾于公元前 171 年至前 168 年间被罗马人征服，后奥古斯都放弃了对包括此城在内的色雷斯地区的占领，克劳狄一世（前 10—54，41—54 在位）又重新征服了该地，125 年前后哈德良皇帝（76—138，117—138 在位）下令重建此城，并命名为哈德良堡。

② 阿波加斯特（Arbogast）：388 至 394 年任大元帅，曾协助狄奥多西一世讨伐篡位者马克努斯·马克西穆斯（Magnus Maximus），后者于 383 年在不列颠称帝，并控制了不列颠、西班牙和高卢地区。此外，马克西穆斯还强迫当时年幼的瓦伦提尼安二世与自己共治西部帝国。但当 387 年马克西穆斯进军意大利，并将瓦伦提尼安驱赶至帝国东部时，当时治理东部的皇帝狄奥多西一世不得不出兵干涉。在平定马克西穆斯之乱后，因瓦伦提尼

支在亚拉里克（Alarich）指挥下的哥特人盟军（foederati）也被投入讨逆作战之中。在战胜尤吉尼乌斯之后，这支异族部队于 394 年奉命还师。由于他们对自己所得的报偿并不满意，于是这支部队便开始在巴尔干半岛大肆抢掠，并由此为匈人和马科曼尼人的入侵扫清了道路。狄奥多西皇帝去世之后，帝国东部与西部的朝廷之间爆发了冲突，因此日耳曼人出身的帝国大元帅斯提里科（Stilicho）无力彻底铲除亚拉里克，亦无法确保帝国西部的领土完整。他不得不下令撤回罗马在高卢和不列颠

---

安二世尚且年幼，阿波加斯特主宰了西部帝国的政局。瓦伦提尼安二世曾试图摆脱阿波加斯特的控制，但却心有余而力不足，无法乾纲独断。392 年 5 月 15 日，瓦伦提尼安二世被人发现死于官中，死因不明。在瓦伦提尼安二世驾崩之后，阿波加斯特希望狄奥多西一世能为西部帝国指定新君，但三个月之后，狄奥多西仍未最终决断。于是，阿波加斯特擅自决定将曾任皇室官员的雄辩家尤吉尼乌斯立为皇帝，后者虽为基督徒，但对传统的罗马异教却奉行颇为宽容的政策，当时以叙马库斯（Symmachus）和尼科马库斯·弗拉维安努斯（Nicomachus Flavianus）为代表的异教徒试图借机复辟传统异教。狄奥多西一世不承认尤吉尼乌斯的帝位，于是便发兵征讨。394 年，狄奥多西一世在冷河战役（Schlacht am Frigidus）中击败尤吉尼乌斯和阿波加斯特，尤吉尼乌斯遭到处死，而阿波加斯特则自杀而亡。

的驻军。406 年，汪达尔人、阿兰人<sup>①</sup>、苏维汇人<sup>②</sup>和勃艮第人侵入高卢，帝国西部的禁卫军长官辖区的首府遂由特里尔迁往阿尔勒，而不列颠则被帝国抛弃，任其自生自灭。410 年，罗马被亚拉里克攻占，并惨遭劫掠。侵入高卢的日耳曼人占据了西班牙。在亚拉里克死后，

---

① 阿兰人 (Alanen)：在中国古书中又称"奄蔡人"，中亚印欧语系伊朗语族部落，为萨尔马提亚人在东方的一支。自公元前 2 世纪起，阿兰人居住在今哈萨克斯坦北部、里海东北方的地区，东与康居为邻，曾向匈奴人称臣纳贡。在匈奴西迁的迫使下，一部分阿兰人迁入今俄罗斯南部，另一部分则臣服于康居。1 世纪晚期起，阿兰人也扩展到高加索地区进行游牧，并入侵安息帝国，逼近亚美尼亚和小亚细亚等地区进行劫掠。137 年，阿兰人入侵位于今土耳其中部的罗马帝国卡帕多细亚行省，但被该行省总督、著名哲学家与历史学家卢修斯·弗拉维乌斯·阿里安 (Lucius Flavius Arrianus，约 86/89—约 146 后) 击退。

② 苏维汇人 (Sueben)：日耳曼人部族，曾居于波罗的海至德国中部山地之间的广大区域。苏维汇人的习俗和外貌最初曾深刻地影响了古典时代人们对于其他日耳曼部族的认知，直到后来哥特人取而代之成为日耳曼部族的主要代表。公元前 58 年，尤利乌斯·恺撒在佛日战役中击败了入侵高卢的苏维汇人。406 年，苏维汇人和汪达尔人、阿兰人一起越过美因茨附近的莱茵河，南下劫掠高卢，并于 409 年进入西班牙。苏维汇人在位于伊比利亚半岛西北部的加利西亚行省和卢西塔尼亚行省北部地区的基础上建立了独立的苏维汇王国，并利用西罗马帝国和西哥特王国之间的实力消长来以敌制敌、为己所用。585 年，苏维汇王国最终被西哥特人征服。

西哥特人于 412 年受霍诺留皇帝之命前往高卢，并在 418 年以罗马盟邦的身份定居在阿奎塔尼亚位于卢瓦尔河与加龙河之间的区域。在盖萨里克①的率领之下，汪达尔人于 429 年从西班牙侵入北非。十年之后，迦太基也落入汪达尔人的手中。451 年，在西哥特人和其他日耳曼盟军的援助之下，帝国大元帅埃提乌斯（Aetius）率军在高卢击败了阿提拉（Attila）领导下的匈人大军，此即沙隆平原战役（Schlacht auf den Katalaunischen Feldern）。尽管如此，西部帝国分崩离析之势依然愈演愈烈。

459 年，法兰克人攻占了科隆，并一直向西推进至

---

① 盖萨里克（Geiserich，约 389—477）：北非汪达尔王国的建立者，自 428 年至 477 年任汪达尔国王。429 年，汪达尔人与阿兰人一起从西班牙迁往罗马帝国的战略要地北非，并击败了当时的阿非利加扈从将军博尼法丘斯，攻陷了希波城（Hippo Regius，今阿尔及利亚安纳巴市）。439 年，盖萨里克趁罗马人被西哥特人击败之际，攻占了迦太基城。442 年，瓦伦提尼安三世承认盖萨里克作为汪达尔王的地位。尽管北非在名义上仍旧是罗马帝国的领土，但实际上却与割据的独立王国无异，并对西罗马帝国造成了巨大威胁。自 440 年起，盖萨里克曾多次干预西罗马帝国内政，并几度中断对意大利的粮食供应。此外，盖萨里克还建立起强大的海军，并于 460 年大败西罗马帝国的西班牙舰队。468 年，盖萨里克击退了东西罗马帝国的联合登陆行动。474 年，盖萨里克与东罗马帝国芝诺皇帝签订盟约，后者承认盖萨里克及其合法后代在迦太基的统治大权。

索姆河①。他们后来作为盟军参与到大元帅埃吉迪乌斯（Aegidius）抗击西哥特人的战争中，但到了475年，法兰克人在其国王尤里克（Eurich）的率领下征服了高卢南部与西班牙的大部分地区。当一年后罗马西部的帝制最终灭亡之时，西部帝国实际掌控的领土仅限于意大利而已，而军队也已自行解散。在孤立无援之中，大元帅埃吉迪乌斯之子夏格里乌斯（Syagrius）曾勉力维持在苏瓦松②周围的领土直至486/487年。最终，法兰克国王克洛维（Chlodwig）彻底终结了此地的残余政权。

随着狄奥多西王朝在西部帝国的灭亡（455），罗马帝制沦为日耳曼大元帅手中的玩物长达20年之久，直到同为日耳曼大元帅的奥多亚塞（Odoaker）于476年废黜了末代皇帝罗慕路斯·奥古斯都，并向他支付了一笔退休金以作为补偿。在日耳曼人军队的拥戴之下，奥多亚塞登基称王，并以居于君士坦丁堡的罗马皇帝的名义治理仍为西部中央政府所辖的区域：此时这一地区几

---

① 索姆河（Somme）：法国北部上法兰西大区河流，从东向西注入索姆湾。

② 苏瓦松（Soissons）：今法国北部城市。古典时代，凯尔特人的苏瓦松部族在此定居，此地即因该部落而得名。公元前57年，苏瓦松人被恺撒征服。

乎只剩下了意大利本土。西西里岛、撒丁岛、科西嘉岛和巴利阿里群岛均已被汪达尔人所征服。早在468年，东西帝国曾联合进击汪达尔人，但最终归于失败。

与西部帝国相比，东部帝国最后保住了其领土统一，尽管巴尔干半岛曾饱受日耳曼人的多次入侵。在匈人国王阿提拉去世（453）之后，形势一度岌岌可危，当时东哥特人越境侵入罗马领土，由此成为帝国的心腹大患。东部帝国最终得以化险为夷，在很大程度上有赖于君士坦丁堡雄踞海峡、独一无二的战略位置。这座城市被君士坦丁皇帝提升为仅次于罗马的第二首都，并在413年至443年间被改建成一座陆上要塞。凭借强大的城防工事，东部帝国逐渐得以像对待西哥特人那样使得东哥特人挥军向西。受芝诺（Zeno）皇帝之托，东哥特人在狄奥多里克（Theoderich）的率领之下进占了意大利（489—493）。497年，阿纳斯塔修斯（Anastasius）皇帝承认狄奥多里克身为哥特人之王的地位，并赋予他在西部帝国除了立法和铸币权之外的统治大权。在狄奥多里克的治理之下，意大利最后一次得享内外太平（497—526）。

与此同时，法兰克王国崛起。克洛维国王（482—511在位）征服了莱茵河上游的日耳曼人（496/497），并于 507 年战胜了西哥特人，从而由此取得了除地中海沿岸地带（纳尔博周边地区）之外的高卢中部和南部地区。至于西哥特王国则在西班牙重振国势[①]。534 年，法兰克王国吞并了日耳曼人的勃艮第王国，由此结束了其在罗马帝国故地上的扩张大业。

所有这些在昔日西罗马帝国的土地上所建立的王国，其国民均由截然有别的两大群体组成，即日耳曼的部族联盟与罗马人。他们生活在各自的法律制度之下，且其人群划分亦与（日耳曼）军队和（罗马）市民的分工相一致。此外，他们的宗教信仰也各不相同[②]。

民族大迁移给罗马帝国的西部地区与巴尔干半岛所带来的是满目疮痍和无尽的劫掠与暴力。但日耳曼部族的领袖恰恰也知道，这毕竟不是长久之计。若想确保稳

---

① 西哥特王国的历史可分为两个时期，其中 418 年至 507 年王国的统治中心位于高卢西南部，并以托罗萨为都城，因而又被称为"托罗萨时期"。507 年，法兰克国王克洛维攻占了托罗萨城，托罗萨时期遂告终结，而后王国的中心移至伊比利亚半岛，并定都托莱多，所以这一时期又被称为"托莱多时期"。711 年，阿拉伯帝国侵入伊比利亚半岛，灭亡了西哥特王国，"托莱多时期"结束，但在王国的其他地区，零星的抵抗一直持续到 725 年。

② 罗马帝国晚期由哥特人和汪达尔人建立的国家便信奉反对"三位一体"的阿里乌派，比如狄奥多里克的东哥特王国。

定的生计，就只能去适应罗马帝国的内部制度。作为西哥特人领袖亚拉里克的继任者，阿陶尔夫（Athaulf）曾在纳尔博表示，他起先打算灭亡罗马帝国，从而将哥特人的帝国取而代之。但鉴于他的族人目无法度、不遵律令，阿陶尔夫便深信，更好的办法是由哥特人重建罗马帝国，并使之长久地存在下去。但是不光是他，还有后来历代的日耳曼军人国王，都不具备成就如此大业的能力。尽管如此，承认罗马帝国组织架构的优越性以及法律所具有的意义，这使得除了法兰克王国之外的其他所谓的日耳曼国家都成了缩小版的罗马帝国，这些国家立国于罗马故地之上，但由日耳曼人所统治。这些日耳曼统治者与罗马帝国晚期军队中的日耳曼人大元帅的区别首先在于，前者是统领部族武装军队的国王。这些日耳曼国家不仅沿用了罗马帝国行政体系的基本架构，而且还效法罗马帝国编纂法典的思想传统。订立法典的一大功用在于，日耳曼人和罗马人这两大群体各自所享有的权利能够通过法律文本的形式得到确定。此外，编纂法典的益处还在于，可以借助共同的法律制度促进日耳曼人和罗马人的民族融合。7世纪中叶，在西哥特国王雷克斯温斯（Recceswinth）在位时期，分别适用于这两大人群的成文民法典成了一部为哥特人与罗马人所共有的新法典的基础。

## 查士丁尼的复国大业与帝国的分崩离析

当西罗马帝国土崩瓦解之时，东罗马帝国的诸位皇帝最终得以成功摆脱权倾朝野的日耳曼大元帅以及部族国王的掌控。此外，他们还基本维护了东罗马帝国的固有领土，但这并非轻而易举、一蹴而就之事。因为当450年狄奥多西王朝绝嗣之时，起初的迹象都显示，日耳曼人出身的大元帅阿斯帕（Aspar）本人似乎又将成为东部帝国皇权的掘墓人。当帝国政府在匈人国王阿提拉（453）死后接纳东哥特人与其他部族联盟进入多瑙河下游的边境省份之时，形势更是每况愈下。当时东罗马帝国本打算以此来重组边境防御，并扩大国家的兵源基础。但和400年前后的西哥特人一样，东哥特人也成了危险的祸乱源头。

尽管如此，东罗马帝国还是战胜了其所面临的所有危机。利奥一世①（457—474在位）在军中建立了由强

---

① 利奥一世（约401—474）：全名弗拉维乌斯·瓦勒里乌斯·利奥（Flavius Valerius Leo），出身平凡，于457年被大元帅阿斯帕立为皇帝，同时也是第一位经由君士坦丁堡宗主教加冕而

悍的伊索里亚人——他们是小亚细亚尚武好战的山区民族——所组成的部队，并以此与日耳曼人相抗衡。在伊索里亚军官、后来登上帝位的芝诺（474—491 在位）的帮助之下，利奥皇帝于 470 年铲除了大元帅阿斯帕及其追随者的势力。489 年，狄奥多里克奉命率东哥特人攻灭了奥多亚塞在意大利的政权。在芝诺的继任者阿纳斯塔修斯（Anastasius，491—518 在位）皇帝的领导下，

---

正式登基的皇帝。与阿斯帕的预想恰恰相反，利奥一世在位期间颇有作为，他派安特米乌斯继承西罗马帝国皇位，并给予军事和财政上的支持。另外，他还与西罗马帝国组成联军，意图收复北非地区，但却于 468 年落败。为了摆脱阿斯帕的控制并与之抗衡，利奥一世建立了一支由罗马人和伊索里亚人（Isaurier）组成的完全听命于自己的卫队，还大力提拔伊索里亚人芝诺，并将自己的女儿许配给他。466 年至 467 年间，利奥一世以叛国罪为由罢免了阿斯帕之子阿尔达布里乌斯（Ardaburius）所任的东方大元帅（magister militum per Orientem）一职。尽管在 470 年，阿斯帕还成功将自己的另一位儿子帕特里修斯（Patricius）立为恺撒，但仅仅一年之后，阿斯帕在觐见皇帝时被利奥一世的手下杀死。之后，利奥一世又凭借新建卫队的力量，镇压了阿斯帕势力在首都的反抗。另外，他还曾建议西罗马皇帝安特米乌斯也如法炮制，剪除里西梅尔的势力，但最终安特米乌斯却在与其大元帅的斗争中落败，并被处死。473 年，利奥一世的外孙、芝诺之子利奥二世被立为共治皇帝。一年之后，年已古稀的利奥一世驾崩。数月之后，芝诺被立为利奥二世的共治皇帝。同年 11 月，利奥二世去世，芝诺也便成了东罗马帝国唯一的皇帝。

东罗马帝国进一步巩固了稳定的局面。伊索里亚人得到了安抚。此外，尽管皇帝为了捍卫东罗马帝国的领土完整而不得不在所有的边境上作战，同时还须镇压巴尔干半岛上颇具威胁的起义暴动，但他依然成功地对国家的财政体系进行了整顿，并为帝国留下了一个充盈的国库。这便为查士丁尼皇帝（527—565 在位）恢复西部帝国的大业创造了条件。

查士丁尼出身于巴尔干半岛深受罗马文化影响的地区，此处是帝国军队的主要兵源地，同时也一直维系着罗马的传统文化。查士丁尼的宏图伟业有二：一为复兴罗马帝国，一为再造正统信仰的大一统。在这位皇帝的构想中，这两大目标是互为补充的。贯彻信仰真义意味着，帝国可以在战争中获得上帝的帮助；而收复西部帝国则意味着可以将基督教会从阿里乌派的异端邪说中解救出来。但是，复兴罗马帝国与恢复帝国的原有疆域却不尽相同，因为攘外与安内必须并举。因此，在查士丁尼皇帝的主持之下，帝国政府不仅对法学专家的著作与皇帝的敕令进行编纂，而且还进一步完善、健全国家的法律体系。

在军事上，尽管查士丁尼收复了北非、意大利和西班牙南部，但正如后来很快显现的那样，收复失地对帝国而言与其说是收益，倒不如说是累赘。在阿非利加，汪达尔人曾丧失广袤的边境地带，使之落入摩尔人之手。而由查士丁尼所重组的边境防御体系却无力收复原先的北非防线。在意大利，查士丁尼废除西部帝国中央政府的官职机构，并重建当地的行政和防御系统。人们曾希望，常年深陷战争之苦的国家可以因此而有能力承担各项不断产生的开支，然而这只不过是幻想而已。那些失而复得的土地既不能通过上缴赋税也不能通过提供兵源来补偿东部帝国所产生的各项花费。

查士丁尼驾崩后没几年，帝国就遭到了新一轮民族大迁徙的侵袭，而这次迁移的诱因便是蒂萨河①平原的蒙古游牧民族——阿瓦尔人②。他们的扩张导致伦巴第

---

① 蒂萨河 (Theiß)：多瑙河最长的支流，流经乌克兰、罗马尼亚、斯洛伐克、匈牙利和塞尔维亚等国。

② 阿瓦尔人 (Awaren)：555年后，阿瓦尔人在突厥人的压迫之下向西迁移，并最迟在557年到达了位于今俄罗斯南部和乌克兰一带的草原。558年，阿瓦尔人与查士丁尼治下的东罗马帝国缔结的条约规定，阿瓦尔人不得侵犯东罗马帝国，但后者也必须向前者输贡。567年，阿瓦尔人和伦巴第人一道灭亡了格皮德人 (Gepiden) 在潘诺尼亚建立的王国，次年伦巴第人亦向南迁移，于是阿瓦尔人独霸潘诺尼亚平原，并在之后的两百多年中成为法兰克王国和东罗马帝国之间重要的力量。9世纪初，阿瓦尔人被查理曼大帝征服，并在之后的数百年中逐步融入其他民族之中。

人和斯拉夫人不得不另寻其他的定居之地。不管是伦巴第人侵入意大利，还是斯拉夫人进占巴尔干半岛，东罗马帝国都无法成功阻止。到了 578 年，意大利的大部分地区再度沦陷，多瑙河的防线也不得不放弃，阿非利加爆发了摩尔人的起义，而随着科尔多瓦①的失陷（572），西哥特人开始收复西班牙南部的进程。与此同时，东罗马帝国不得不将精锐部队集中部署在东方，以抗击波斯人的进攻。直到 6 世纪初，东罗马帝国原先都可以维持其固有疆域以及财政与军事能力，但后来的历史显示，查士丁尼收复西部帝国的宏图大业却使得东罗马帝国不胜负荷。由此所造成的后果并不仅限于意大利和西班牙南部的失陷。东罗马帝国抗击新波斯帝国的战事举步维艰，随之而来的便是东方局势的崩溃。622 年，希拉克略皇帝从亚美尼亚出发攻打波斯人，并接连获胜。同年，穆罕默德逃至麦地那。630 年，穆罕默德与其追随者征服麦加。在穆罕默德死后，阿拉伯人开始扩张大业，使得东方和西方两大帝国受到致命重创。633 年至 651 年

① 科尔多瓦（Córdoba）：位于今西班牙南部，伊比利亚人最早在此定居，公元前 169 年，罗马人占领此地，科尔多瓦由此成为西班牙南部的中心。罗马帝国晚期，科尔多瓦遭到汪达尔人的重创，之后被纳入西哥特王国。554 年至 571 年，东罗马帝国曾短暂收复科尔多瓦，但后来又为西哥特人所据。

间，萨珊王朝的帝国被攻灭，其全境改宗伊斯兰教。东罗马帝国则丧失了近东地区、埃及与北非的领土，其疆域缩小至不到原有的三分之一，且最为富庶的各大省份也被阿拉伯人夺取。随着迦太基的最终陷落（698），东罗马帝国的疆域仅余小亚细亚、希腊、君士坦丁堡腹地以及意大利的部分地区，于是，这个国家的历史便进入了中世纪拜占庭帝国时期。

罗马帝国在接连不断的入侵中日渐衰微，这是显而易见的。如果与任何一个敌人单打独斗，那么帝国无疑仍然是占据上风的。但它的实力却不足以保卫帝国漫长边境上的所有战线，也不足以在所有蛮族成功入侵的地方显示其军事上的优势。这在极大程度上导致帝国自364年起在事实上的东西二分[①]。然而，帝国的衰亡还有更深层次的原因。随着普世霸权的建立，组建职业化军队势在必行，由此也便产生了军队与社会平民的分工。

---

[①] 364 年，尤利安的继任者约维安皇帝驾崩，军队将领选举来自巴尔干地区的皇家卫队长瓦伦提尼安即位，之后，瓦伦提尼安又任命他的弟弟瓦伦斯为奥古斯都，以作为他的同朝共治者。当年，两位皇帝划分了军队、朝臣与统治区域，其中瓦伦提尼安驻跸于米兰和特里尔，而瓦伦斯则以君士坦丁堡为都。由于当时外患频仍，两位皇帝忙于边境上的战事而无暇精诚合作，但他们一直以两人的名义共同颁布法令、发行钱币。

后者必须为维持军队而筹措资金，但再也无法在有限时间内为军队提供大量的兵源。正是在这个意义上，帝制时代的罗马帝国与汉尼拔战争时期由罗马所掌控的意大利相比，其潜力要更为有限。造成帝国结构上弱点的还有低下的经济生产力以及社会结构。毕竟，最后承担常备军开支的是农业生产者，除此之外，他们还是社会财富盈余的创造者，而这一盈余则被富裕的贵族阶层、各大城市以及自君士坦丁皇帝起出现的教会所瓜分。帝国的社会冲突从未停止，在高卢和西班牙最终酿成了 5 世纪的农牧民大起义①。与这一由农民所主导的社会革命运动相随的则是帝国内部秩序的日益瓦解，但最终的致命一击则来自帝国之外，这便是日耳曼人、波斯人和阿拉伯人的入侵，正是他们的进犯侵袭使得罗马帝国晚期潜藏在深处的诸般弱点暴露在光天化日之下。

---

① 这场起义又被称为"巴高达运动"，其中"巴高达"一词在凯尔特语中有"战士"之意，后用来指 3 世纪和 5 世纪起义反对罗马统治的高卢和西班牙农牧民。这场运动首次爆发于 3 世纪后半叶，并从高卢逐步蔓延到西班牙。起义者占领庄园，分田分产，声势颇为浩大，其首领甚至自称"皇帝"。到了 286 年，巴高达运动被马克西米安平定。5 世纪，起义运动再度兴起，后来又遭到西罗马帝国军队及其西哥特盟军的镇压。

第八章

# 罗马的遗产

罗马帝国灭亡了，但它对后世而言却不无深远的影响。除了物质文化的延续传承之外，罗马的遗产还成了古典时代之后欧洲世界普世且超越民族的基础。正如利奥波德·冯·兰克①在他于 1854 年所作的题为"论近代

--------

① 利奥波德·冯·兰克（Leopold von Ranke，1795—1886）：德意志普鲁士王国历史学家。他重视史料的搜集与批判，提倡客观公正、如实直书的撰史理念，否认历史发展规律，宣扬客观主义。兰克的代表作有《拉丁和条顿民族史（1494—1514）》《教皇史》《宗教改革时期的德意志史》《普鲁士王国史》等。他所创立的学派被人们称为"兰克学派"，该学派倡导用纯"客观主义"的态度和"科学方法"来研究历史，强调第一手原始资料在著史中的重要性，对后世西方史学的发展产生了深刻的影响。

史的诸时期"的系列演讲中所说的那样，这一基础乃是由罗马帝国帝制时代的四大发明所构成的。而兰克所指的便是普世的（古典时代）世界文学、罗马法、帝制以及基督教。

最为显而易见的要属宗教的延续与传承。基督教的教义和教会体制均诞生于罗马帝国晚期，在此基础上，这一新兴宗教得以在日耳曼和斯拉夫民族间继续传播。流传后世的还有世俗君权和教会神权之间的紧密关系。单是这一关系在西部和东部帝国截然不同的发展趋势，便对后世天主教与东正教的组织架构产生了深刻的影响。在西部帝国，帝制较早的终结使得天主教会和教皇得以在更大程度上独立于世俗君权，而这种独立地位则是东部帝国的教会从未达到过的。在那里，君士坦丁堡牧首位居皇帝之下，这也成了东斯拉夫和南斯拉夫部族所建帝国效法的典范。而此处也是罗马帝国时期由来已久的东西之别在权力上的体现：在东正教会，民族语言的使用日益普遍，与此相比，天主教则坚持把拉丁语作为祭祀礼拜的通用语言，并将之与更高层次的教育相挂钩。

与皇权紧密相关的是对崇信正统信仰的基督教徒进行统治的普世之权，这一传统也流传了下来。与此相关的是皇权传承（translatio imperii）的思想，西方的法兰克以及德意志诸王与东方的俄罗斯历代沙皇都宣称继承了罗马的皇权。

罗马人最具原创性的成就便是罗马法。这一法律体系的形成耗时达数百年之久，而建立罗马法的工作则是由一批法学专家承担的，这一群体曾与皇权结成紧密的同盟。同盟的建立始于奥古斯都皇帝，后来的哈德良皇帝在一次行政改革中使得法学专家与皇帝的同盟关系达到了更为密切的程度，因为他颁令，参与罗马法编纂的法学专家可直接进入皇帝的中央政府任职。到了古典时代晚期，这一经久不衰的同盟终于结出了丰硕成果，并以查士丁尼皇帝主持编纂的法典为形式得以流传后世。除了作为系统入门教程的《法学总论》(*Institutiones*①)之外，该法典还包括《查士丁尼法典》(*Codex Justinianus*)以及所谓的《法律汇编》(*Digesta*②)，前者汇集了皇帝的各项法令，后者则分门别类地摘录了罗马法学大家的著

---

① 2世纪中期，罗马法学家盖乌斯(Gaius)已经编写了《法学总论》，成书于安敦宁·毕尤斯皇帝时期(161前后)。作为一部对罗马私法体系进行系统整理的基础教程，盖乌斯的《法学总论》条理清晰、简明易懂，在古典时代流传甚广，并对查士丁尼皇帝时期编纂的《法学总论》产生了重要影响。1816年，《法学总论》的副本在维罗纳重见天日。

② 拉丁语"Digesta"的字面意思为"经过系统整理的展示呈现"，《法律汇编》又称"Pandectae"，有"无所不包"之义。

作。罗马法在古典时代之后为世人所接受，这与现代领邦（Territorialstaat）的形成和现代私法的产生休戚相关。尽管《法律汇编》中所载之法条再无直接的法律效力，但正是在此基础之上形成了我们如今的民法典中所载的私法条款。

罗马法在欧洲的流传过程历时长久且错综复杂，而罗马的文学和艺术遗产也经历了类似的过程。罗马的文学与艺术以希腊为典范。在形式与内容上，希腊与罗马的元素互相交织，彼此渗透。到了古典时代晚期，希腊文明的东方和拉丁文明的西方在精神与文化上相因相生的紧密关系分崩离析，但其成果却在经由教会拯救的文学遗珠中得以留存下来。伟大的哲学理论、科学、文学以及古典时代的著史传统，并没有随着罗马帝国的灭亡而就此湮没无闻。拜占庭保住了帝国的希腊半壁，而在深受拉丁文化熏陶的另一半帝国故土之上所留存下来的罗马遗产也因此得以有所增益。这一过程在文艺复兴的时代达到了极盛。罗马与罗马帝国留给后世的还有罗曼语族的各大语言以及其他欧洲语言中大量的拉丁语源词汇。除此之外，直至今日，欧洲的哲学与概念体系、政治理论、文学、建筑以及造型艺术都依然显示着古典时代源自罗马的深刻印记。

# 后 记

在撰写这部罗马简史时，我有幸得到了法兰克福大学希腊与罗马历史系以及 C.H. 贝克出版社编辑部的诸位同仁的多方支持。在此我要特别感谢伊姆加德·施陶布女士（Irmgard Staub）、彼得·肖尔茨先生（Peter Scholz）和妮可·兰贝特女士（Nicole Lambert）。施陶布女士将我的手稿改成了可供排版的版本，而兰贝特女士则通读审校了全文。尤其需要感谢的还有出版社编辑部的诸位工作人员，特别是斯特凡·冯·德尔·拉尔博士（Dr. Stefan von der Lahr）。

这部罗马史择要而著，并一概舍弃了学术界的内部争论。没有人比作者本人更为清楚，由于出版社对篇幅的限定，此书在撰写过程中不得不屡次忍痛割爱，所舍

212

去的更不乏一些颇为重要的内容。至于这册轻薄的小书是否成功地展现了罗马以及罗马帝国长达 1200 年的历史画卷，还望有兴趣的读者对此做出评判。

法兰克福，1994 年 12 月

克劳斯·布林格曼

# 第十版后记


    在对全书进行审校之后，笔者对德文版 63 页所述的"条顿堡森林战役"新近发现的古战场位置进行了增补。另外，新版还更新了供读者延伸阅读的相关文献。


法兰克福，2008 年 3 月

克劳斯·布林格曼

# 年　表

## 罗马与意大利

| 年份 | 历史事件 |
|---|---|
| 前7世纪末？ | 罗马城建立 |
| 约前470 | 伊特鲁利亚人的城邦王国灭亡 |
| 约前450 | 成文法典的颁行（《十二铜表法》） |
| 前387 | 凯尔特人攻占罗马城 |
| 前340—前338 | 拉丁人内战，拉丁同盟诸城被并入罗马的公民区 |
| 前326—前304，前298—前290 | 萨姆尼战争 |
| 前280—前272 | 与伊庇鲁斯的皮洛士王、萨姆尼人和卢加尼亚人的战争：征服意大利南部 |

## 罗马与地中海世界

| 年份 | 历史事件 |
|---|---|
| 前264—前241 | 第一次布匿战争 |
| 前241/前237 | 罗马开始统治西西里岛、撒丁岛和科西嘉岛 |
| 前229 | 第一次伊利里亚战争 |
| 前225—前222 | 凯尔特人战争 |
| 前219 | 第二次伊利里亚战争 |
| 前218—前201 | 第二次布匿战争：罗马开始统治伊比利亚半岛 |
| 前200—前197 | 与马其顿国王腓力五世的战争 |
| 前191—前188 | 与安条克大帝的战争 |
| 前171—前168 | 与马其顿国王珀耳修斯的战争：马其顿王朝覆灭 |
| 前149—前146 | 第三次布匿战争 |
| 前146 | 迦太基与科林斯被毁：阿非利加行省建立 |
| 前133—前123 | 亚细亚行省建立 |
| 前112—前105 | 北非的朱古达战争 |
| 前102/前101 | 剿灭辛布里人和条顿人 |
| 前87—前83，前74—前64 | 与本都国王米特里达梯的战争 |
| 前63 | 庞培重建东方秩序 |

## 共和国危机

| 年份 | 历史事件 |
|---|---|
| 前133，前123/前122 | 盖乌斯·格拉古和提比略·格拉古的改革维新 |

216

| 前100 | 格拉古新政重启失败 |
|---|---|
| 前91 | 李维乌斯·德鲁苏斯的改革 |
| 前91—前89 | 盟邦战争 |
| 前83—前80 | 内战，苏拉重建国家秩序 |
| 前60 | 恺撒、庞培与克拉苏组成前三巨头同盟 |
| 前58—前50 | 恺撒征服高卢 |
| 前49—前45 | 恺撒与庞培党人的内战 |
| 前46—前44 | 恺撒的"独裁统治" |
| 前43/前42 | 后三巨头同盟，共和党人落败 |
| 前31/前30 | 奥古斯都战胜马克·安东尼，并吞并托勒密王朝统治下的埃及 |

## 帝制时代

| 年份 | 历史事件 |
|---|---|
| 前27—前23 | 奥古斯都创建元首制 |
| 前15—前12 | 征服阿尔卑斯山地区 |
| 前12—9 | 征服巴尔干半岛，征战日耳曼尼亚 |
| 14—68 | 朱里亚-克劳狄王朝 |
| 30—60 | 基督教诞生 |
| 43—84 | 征服不列颠 |
| 66—70 | 第一次犹太人大起义，耶路撒冷遭毁 |
| 68/69 | 内战：四帝并立之年 |
| 69—96 | 弗拉维王朝 |
| 96—180 | 五贤帝时代 |
| 106—116 | 阿拉伯、达契亚、亚美尼亚、美索不达米亚与亚述行省的设立 |

| 132—135 | 第二次犹太人大起义<br>（巴尔·科赫巴大起义①） |
|---|---|
| 193/194 | 内战：五帝并立之年 |
| 193—235 | 塞维鲁王朝时期 |
| 212 | 卡拉卡拉皇帝下令赋予帝国全境居民以罗马公民权 |
| 224 | 新波斯帝国建立 |
| 235—284 | 军人皇帝时期 |
| 249/250，258—260 | 迫害基督徒运动 |
| 260 | 瓦勒良皇帝被波斯帝国的沙普尔一世所俘 |
| 258/260—273 | 在高卢和帝国东方（巴尔米拉）出现割据政权 |

**古典时代晚期**

| 年份 | 历史事件 |
|---|---|
| 284—305 | 戴克里先皇帝与四帝共治时期 |
| 303—311 | 帝国东方的迫害基督徒运动 |
| 306—337 | 君士坦丁大帝在位 |
| 313 | 基督徒开始受到优待 |
| 325 | 第一次尼西亚大公会议 |

---

① 第二次犹太人大起义：132 年，罗马统治者下令在耶路撒冷的犹太圣殿旧址上建造朱庇特神庙，于是犹太人再度起义，领导者为西蒙·巴尔·科赫巴（Simon bar Kochba）。罗马皇帝哈德良派兵镇压，135 年，罗马军队攻陷耶路撒冷，犹地亚行省最后一个犹太人居住地被捣毁，犹太人自此流落海外，直至 1948 年以色列建国。

| | |
|---|---|
| 337—363 | 君士坦丁王朝时期 |
| 361—363 | 尤利安皇帝在位：复兴异教 |
| 364—476 | 二帝东西分治与帝国的分裂 |
| 364—392 | 瓦伦提尼安王朝时期 |
| 376/378 | 民族大迁徙开始 |
| 379—450/455 | 狄奥多西王朝时期 |
| 406/408 | 日耳曼人入侵高卢，罗马军队撤出不列颠 |
| 410 | 西哥特人攻占罗马 |
| 418 | 西哥特人在高卢建立王国 |
| 429/439 | 汪达尔人在北非建立王国 |
| 476 | 西罗马帝国最后一位皇帝被废 |
| 487—506 | 法兰克王国在克洛维的领导下对外扩张 |
| 493—553 | 东哥特人统治意大利 |
| 527—565 | 查士丁尼皇帝在位 |
| 533—554 | 收复北非、意大利和西班牙南部 |
| 568年之后 | 伦巴第人征服意大利，斯拉夫人开始逐步征服巴尔干半岛 |
| 636年之后 | 信奉伊斯兰教的阿拉伯人开始扩张 |

# 可供延伸阅读的相关文献

让罗马历史之全景架构得到浑然一体、清晰明了的现代呈现，这要归功于 A.Heuß 的著作《罗马史》（*Römische Geschichte*），1960 年出版于布伦瑞克（最新的第十版由 J.Bleicken、W.Dahlheim 和 H.-J.Gehrke 出版、导读，并新增了学术研究部分，于 2007 年在帕德博恩 / 慕尼黑 / 苏黎世出版）。此外，这部著作还对学术研究中的要点和问题进行了出色的简述。以原始材料和参考文献为基础，并对罗马史学中的史实描述、基本问题以及研究趋势这三个方面分而述之，这样的著作当属慕尼黑欧登堡出版社（Oldenbourg）的系列丛书"历史大纲（*Grundriß der Geschichte*）"中的罗马史三卷本：J.Bleicken，《罗马共和国史》（*Geschichte der Römischen*

*Republik*，1980 年，2004 年第六版）；W.Dahlheim，《罗马帝国史》(*Geschichte der Römischen Kaiserzeit*, 1984 年，2003 年第三版）；J. Martin，《古典时代晚期与民族大迁徙》(*Spätantike und Völkerwanderung*，1987 年，1995 年第三版）。这套丛书的主旨在于，在对历史事件进行相对简要的叙述的同时，还将之与当代史学界的众多研究成果相结合。至于突出呈现罗马历史中文明维度的著作则要属由 K. Christ 所著的《罗马人——历史与文明导论》(*Die Römer. Eine Einführung in ihre Geschichte und Zivilisation*，1979 年出版于慕尼黑，最新版为 1994 年第三版）一书。

迄今尚未有著作在现有文献材料的基础上对罗马从起源直至查士丁尼皇帝的历史进行连贯且全面的记叙。对于罗马共和国时代的历史而言，特奥多尔·蒙森的《罗马史》（三卷五册）(*Römische Geschichte*，1854—1856 年出版于莱比锡）堪称史家巨著的典范（尽管毋庸赘言的是，此书在诸多方面已无法体现当今的学术研究现状）。这本巨著最后一次再版于 1976 年，由 K. Christ 在 dtv 出版社出版（第 6053 至 6060 辑），并在其中加入了原来出版于 1885 年的第五卷[1]，该卷记述了帝制时

---

① 特奥多尔·蒙森原计划出版五卷《罗马史》，详述罗马

代罗马各大行省的历史。分三卷对罗马历史进行相对详尽的记述的著作要数慕尼黑 Beck 出版社的"历史文库（*Historische Bibliothek*）"系列丛书：K. Bringman 著，《罗马共和国史——自建城至奥古斯都时代》（*Geschichte der römischen Republik. Von den Anfängen bis Augustus*，2002年）；K. Christ 著，《罗马帝国史——从奥古斯都到君士坦丁》（*Geschichte der römischen Kaiserzeit. Von Augustus bis Konstantin*，1988 年，2005 年第五版）；A. Demandt 著，《古典时代晚期——罗马帝国自戴克里先至查士丁尼时代的历史》（*Die Spätantike. Das Römische Reich von Diocletian bis Iustinian*，2008 年第二版）。就罗马历代皇帝的生平事迹而言，D. Kienast 所著的《罗马皇帝年表：罗马历代帝王生平概述》（*Römische Kaisertabelle: Grundzüge einer römischen Kaiserchronologie*，1990 年出版于达姆施塔特，2004 年出版了经过审阅与增订的第三版）堪称不可或缺的参考书籍。另外，有关罗马历代帝王的生平要略亦可参看由 M. Clauss 出版的《罗马诸帝——从恺撒到查士丁尼的五十五帝列传》（*Die römischen Kaiser. 55 historische Portraits von Caesar bis*

---

自起源直至戴克里先时代的历史，但最后成书的为第一至三卷以及第五卷，第四卷并未付梓。

*Justinian*，1997 年出版于慕尼黑，2005 年第三版）。

古典时代的历史颇为受惠于丰富的存世文献。对于这段历史有过详述的著作当推 A. H. M. Jones 所著的《晚期罗马帝国（284—602）——社会、经济与行政的考察（四卷本或两卷本）》（*The Later Roman Empire 284-602. A Social, Economic and Administrative Survey*，1964 年出版于牛津）。遗憾的是这本巨著并未译成德语。但就在不久前，另一本佳作已作为 Beck 出版社的"古典学手册（*Handbuch der Alterumswissenschaft*）"系列丛书问世，这便是 A. Demandt 基于历史与学术文献所著的《古典时代晚期——罗马帝国自戴克里先至查士丁尼时代的历史（284—565）》（*Die Spätantike. Das Römische Reich von Diocletian bis Justinian 284-565 n. Chr*，1989 年出版于慕尼黑，2008 年第二版）。有关罗马帝国衰亡崩溃的书籍，自当首推爱德华·吉本所著的《罗马帝国衰亡史（六卷本）》[*The History of the Decline and Fall of the Roman Empire*，1776—1788 出版于伦敦；自此以后曾多次再版，特别是"大众文库（*Everyman's Library*）"书系的第 434 至 436 辑与第 474 至 476 辑 ]。这部堪称 18 世纪史书编纂集大成者的巨著一直写到了土耳其人征服君士坦丁堡（1453）。由于在吉本的时代，研究最为深入的要数有关古典时代晚期历史的文献，因此即便到了今天，《罗马帝国衰亡史》的最初几卷依旧是最为引人入胜的。这部著作的前 38 章记述了直至西罗马帝国灭亡与克洛维建立法兰克王国的历史，且该部分已经推出了译笔精湛的德文版袖珍书：《罗马帝国衰亡史——直至西部帝国的灭亡》（六卷本）（*Verfall und Untergang des Römischen Imperiums. Bis zum Ende des Reiches im Westen*，2003 年由慕尼黑 dtv 出版社出版）。其中第六卷还收录了由 W. Nippel 撰写的精彩导言。有众多的著作试图去追寻罗马帝国衰亡因由的蛛丝马迹，其中 A. Demandt 的作品《罗马的灭亡——后世对罗马帝国崩溃的评析》（*Der Fall Roms. Die Auflösung des Römischen Reiches im Urteil der Nachwelt*，1984 年出版于慕尼黑）包罗万象，且多有意趣盎然之处。

现代史学对于历史中的结构要素颇有兴趣，在罗马史的研究上，这便体现在对制度、社会和经济这三个方面的探究。尤为适合入门的读物有：J.Bleicken 所著的《罗马共和国的体制》（*Die Verfassung der Römischen Republik*，UTB 第 460 辑，1975 年出版，1999 年第八版）与《罗马帝国体制与社会的历史》（*Verfassungs und Sozialgeschichte des Römischen Kaiserreiches*，UTB

第 338/339 辑，1978 年出版，1995 年第一卷第四版，1994 年第二卷第三版）。具有划时代意义的罗马社会与经济史专著当推 M. Rostovtzeff 的《罗马帝国的社会与经济》（*Gesellschaft und Wirtschaft im römischen Kaiserreich*，两卷本，1929 年出版于莱比锡，1926 年的英文版在经过修订后于 1957 年在牛津再版）。有关罗马帝国欧洲领土的经济和社会状况的书籍，尤为值得推荐的便是由 F. Vittinghoff 新近出版的"欧洲经济与社会史手册"（*Handbuch der europäischen Wirtschafts und Sozialgeschichte*）系列丛书中的首卷：《罗马帝国时期的欧洲经济与政治史》（*Europäische Wirtschafts und Sozialgeschichte in der römischen Kaiserzeit*，1990 年出版于斯图加特）。

对于古典时代的教会史而言，以教会本身为主体并可上溯至古典时代的著史传统古已有之，意义非凡。这一领域文献众多，下面仅列举若干：H. Lietzmann 所著的《古典时代的教会史》（四卷本）（*Geschichte der Alten Kirche*，1931—1944 出版于柏林，1975 年第四/五版合为一卷，NDr.1999）；C. Andresen 所著、收录于《人类的各大宗教》（第 29 卷，1/2，1971 年出版于斯图加特，旨在对早期基督教、罗马天主教和拜占庭东正教进行比较）一书中的《旧基督教的教会》（*Die Kirchen der alten Christenheit*）；由 W. D. Hauschild 所著、同时亦对新近研究成果有所介绍的《教会与教义史教程（一）——旧教会与中世纪》（*Lehrbuch der Kirchen und Dogmengeschichte I. Alte Kirche und Mittelalter*，1995 年出版于居特斯洛，2007 年第三版）。

罗马作为一座城市亦有着自己的历史，除却建城的时代，罗马城的历史与罗马的历史并不相同。关于这一特定主题，新近出版的一本纵览罗马城自建城之初直至 3 世纪之历史的著作可供参考：F. Kolb 著，《古典时代的罗马城史》（*Rom. Die Geschichte der Stadt in der Antike*，1995 年出版于慕尼黑，2002 年第二版）。

# 德中译名对照表

| 德文名 | 中译名 |
|---|---|
| Aegidius | 埃吉迪乌斯 |
| Aetius | 埃提乌斯 |
| Agathokles | 阿加托克利斯 |
| Alarich | 亚拉里克 |
| Alexander I | 亚历山大一世 |
| Alexander III d. Gr. | 亚历山大大帝（三世） |
| Anastasius I | 阿纳斯塔修斯一世 |
| Antigoniden | 安提柯王朝 |
| Antiochos III | 安条克三世 |
| Arbogast | 阿波加斯特 |

| Ardaschir | 阿尔达希尔 |
|---|---|
| Arminius | 阿米尼乌斯 |
| Aspar | 阿斯帕 |
| Athaulf | 阿陶尔夫 |
| Attalos I | 阿塔罗斯一世 |
| Attalos III | 阿塔罗斯三世 |
| Attila | 阿提拉 |
| Augustus | 奥古斯都 |
| Aurelian | 奥勒良 |
| Brutus, M. Iunius | 马尔库斯·尤尼乌斯·布鲁图斯 |
| Caesar, C. Iulius | 盖乌斯·尤利乌斯·恺撒 |
| Caesar, C. Iulius, Adoptivsohn des Augustus | 盖乌斯·尤利乌斯·恺撒，奥古斯都所收之养子 |
| Caligula | 卡利古拉 |
| Caracalla | 卡拉卡拉 |
| Cassius | 卡西乌斯 |
| Catilina, L. Sergius | 卢基乌斯·塞尔吉乌斯·喀提林 |
| Cato, M. Porcius, gen. der Ältere | 马尔库斯·波尔基乌斯·加图，老加图 |
| Chlodwig | 克洛维 |

| Cicero, M. Tullius | 马尔库斯·图利乌斯·西塞罗 |
|---|---|
| Claudius | 克劳狄 |
| Clodius | 克洛狄乌斯 |
| Columella | 科鲁迈拉 |
| Commodus | 康茂德 |
| Decebalus | 戴凯巴路斯 |
| Diokletian | 戴克里先 |
| Domitian | 图密善 |
| Dorieus | 多里阿斯 |
| Drusus, Claudius Nero | 克劳狄乌斯·尼禄·德鲁苏斯 |
| Ennius, Q. | 昆图斯·恩纽斯 |
| Eugenius | 尤吉尼乌斯 |
| Eurich | 尤里克 |
| Fabius Maximus Verrucosus, Q. gen. Cunctator | 费边·马克西穆斯·维尔鲁科苏斯，"迁延者"费边 |
| Flaminius, T. Quinctius | 提图斯·昆西图斯·弗拉米尼乌斯 |
| Galerius | 伽列里乌斯 |
| Gallienus | 伽里恩努斯 |
| Geiserich | 盖萨里克 |
| Gracchus, C. Sempronius | 盖乌斯·塞姆普罗尼乌斯·格拉古 |

| | |
|---|---|
| Gracchus, Ti. Sempronius | 提比略·塞姆普罗尼乌斯·格拉古 |
| Hadrian | 哈德良 |
| Hamilkar Barkas | 哈米尔卡·巴卡 |
| Hannibal | 汉尼拔 |
| Hasdrubal, Schwiegersohn des Hamilkar Barkas | 哈斯德鲁巴，哈米尔卡·巴卡之婿 |
| Hasdrubal, Bruder Hannibals | 哈斯德鲁巴，汉尼拔之弟 |
| Hasmonäer | 哈斯蒙尼王朝 |
| Heraklius | 希拉克略 |
| Herodes d. Gr. | 大希律王 |
| Hieron I | 希伦一世 |
| Honorius | 霍诺留 |
| Jesus von Nazareth | 拿撒勒的耶稣 |
| Johannes der Täufer | 施洗者约翰 |
| Jugurtha | 朱古达 |
| Julian | 尤利安 |
| Justin I | 查士丁一世 |
| Justinian | 查士丁尼 |
| Kleonymos | 克利奥尼穆斯 |
| Kleopatra | 克娄巴特拉 |

| | |
|---|---|
| Konstantin d. Gr. | 君士坦丁大帝 |
| Konstantius I | 君士坦提乌斯一世 |
| Leo I | 利奥一世 |
| Lepidius, M. Aemilius | 马尔库斯·埃米利乌斯·雷必达 |
| Licinius | 李锡尼 |
| Livius Andronicus | 李维乌斯·安德罗尼库斯 |
| Livius Drusus | 李维乌斯·德鲁苏斯 |
| Marc Anton | 马克·安东尼 |
| Marc Aurel | 马可·奥勒留 |
| Marius, C. | 盖乌斯·马略 |
| Massinissa | 马西尼萨 |
| Maxentius | 马克森提乌斯 |
| Maximian | 马克西米安 |
| Maximinus Daia | 马克西米努斯·代亚 |
| Mithridates VI | 米特里达梯六世 |
| Mohammed | 穆罕穆德 |
| Naevius Cn. | 格奈乌斯·奈维乌斯 |
| Nero | 尼禄 |
| Nerva | 涅尔瓦 |

| | |
|---|---|
| Nikomedes IV | 尼科梅德四世 |
| Octavian | 屋大维 |
| Octavius Sagitta | 屋大维乌斯·萨吉塔 |
| Odaenathus | 奥登纳图斯 |
| Odoaker | 奥多亚塞 |
| Paulus (Apostel) | 保罗（使徒） |
| Pedius Lusianus Hirrutus, Sex. | 塞克斯图斯·佩狄乌斯·鲁西安努斯·伊鲁图斯 |
| Petilius Cerialis | 佩提利乌斯·策里阿里斯 |
| Philipp V | 腓力五世 |
| Phokas | 福卡斯 |
| Plautus, T. Maccius | 提图斯·马修斯·普劳图斯 |
| Plinius Caecilius Secundus, C. | 盖乌斯·普利尼·凯奇利乌斯·塞孔都斯 |
| Polybios | 波利比乌斯 |
| Pompeius, Cn. | 格奈乌斯·庞培 |
| Pompeius, Sex. | 塞克斯图斯·庞培 |
| Pontius Pilatus | 本丢·彼拉多 |
| Postumus | 波斯图穆斯 |
| Ptolemäer | 托勒密王朝 |

| | |
|---|---|
| Ptolemaios I | 托勒密一世 |
| Ptolemaios IV | 托勒密四世 |
| Pyrrhos I | 皮洛士一世 |
| Recceswinth | 雷克斯温斯 |
| Romatius Firmus | 洛马修斯·菲尔姆斯 |
| Romulus | 罗慕路斯 |
| Romulus Augustuslus | 罗慕路斯·奥古斯都 |
| Saturninus, L. Appuleius | 卢基乌斯·阿普列尤斯·萨图尔尼努斯 |
| Schapur I | 沙普尔一世 |
| Scipio, Cn. Cornelius | 盖奈乌斯·科尔内利乌斯·西庇阿 |
| Scipio, P. Cornelius | 普布利乌斯·科尔内利乌斯·西庇阿 |
| Scipio, P. Cornelius, gen. Africanus | 普布利乌斯·科尔内利乌斯·西庇阿，阿非利加征服者 |
| Seleukiden | 塞琉古王朝 |
| Septimius Severus | 塞普蒂米乌斯·塞维鲁 |
| Severus Alexander | 亚历山大·塞维鲁 |
| Stilicho | 斯提里科 |
| Sulla, P. Cornelius | 普布利乌斯·科尔内利乌斯·苏拉 |
| Sulpicius Rufus, C. | 盖乌斯·苏尔皮基乌斯·鲁弗斯 |

| | |
|---|---|
| Syagrius | 夏格里乌斯 |
| Tacitus | 塔西佗 |
| Tertullian | 特土良 |
| Teuta | 特乌塔 |
| Theoderich | 狄奥多里克 |
| Theodosius I | 狄奥多西一世 |
| Tiberius | 提比略 |
| Tigranes I | 提格兰一世 |
| Trajan | 图拉真 |
| Valens | 瓦伦斯 |
| Valerian | 瓦勒良 |
| Varus, P. Quinctilius | 普布利乌斯·昆克提利乌斯·瓦卢斯 |
| Vespasian | 韦斯巴芗 |
| Zeno | 芝诺 |
| Zenobia | 芝诺比娅 |
| Zoroaster | 琐罗亚斯德 |

**罗马皇帝：**

阿纳斯塔修斯一世、奥古斯都、奥勒良、卡利古拉、卡拉卡拉、克劳狄、康茂德、戴克里先、图密善、尤吉尼乌斯、伽列里乌斯、哈德良、霍诺留、尤利安、查士丁一世、查士丁尼、君士坦丁大帝、利奥一世、李锡尼、马可·奥勒留、马克森提乌斯、马克西米安、马克西米努斯、尼禄、涅尔瓦、福卡斯、波斯图穆斯、罗慕路斯·奥古斯都、塞普蒂米乌斯·塞维鲁、亚历山大·塞维鲁、狄奥多西一世、提比略、图拉真、瓦伦斯、瓦勒良、韦斯巴芗、芝诺

**域外与内附的君主和王朝：**

阿加托克利斯、亚历山大一世、亚历山大大帝（三世）、安提柯王朝、安条克三世、阿尔达希尔、阿米尼乌斯、阿塔罗斯一世、阿塔罗斯三世、阿提拉、戴凯巴路斯、多里阿斯、哈斯蒙尼王朝、大希律王、希伦一世、朱古达、克利奥尼穆斯、克娄巴特拉六世、马西尼萨、米特里达梯六世、尼科梅德四世、奥登纳图斯、腓力五世、托勒密王朝、托勒密一世、托勒密四世、皮洛士一世、沙普尔一世、塞琉古王朝、特乌塔、芝诺比娅

**古典时代晚期的日耳曼大元帅和国王：**

亚拉里克、阿波加斯特、阿斯帕、阿陶尔夫、克洛维、尤里克、盖萨里克、奥多亚塞、雷克斯温斯、斯提里科、狄奥多里克

## 图书在版编目（CIP）数据

罗马史：从开端到古典时代晚期 / [德]克劳斯·布林格曼（Klaus Bringmann）著；周锐译 . —上海：上海三联书店，2019.8

（贝克知识丛书）

ISBN 978-7-5426-6706-9

Ⅰ . ① 罗… Ⅱ . ① 克… ② 周… Ⅲ . ① 古罗马 – 历史 Ⅳ . ① K126

中国版本图书馆 CIP 数据核字（2019）第 114138 号

**罗马史：从开端到古典时代晚期**

| | |
|---|---|
| **著　　者** / [德]克劳斯·布林格曼 |
| **译　　者** / 周　锐 |
| **责任编辑** / 程　力 |
| **特约编辑** / 张　莉 |
| **装帧设计** / Metis 灵动视线 |
| **监　　制** / 姚　军 |
| **出版发行** / 上海三联书店 |
| （200030）中国上海市漕溪北路 331 号 A 座 6 楼 |
| **邮购电话** / 021-22895540 |
| **印　　刷** / 三河市中晟雅豪印务有限公司 |
| **版　　次** / 2019 年 8 月第 1 版 |
| **印　　次** / 2019 年 8 月第 1 次印刷 |
| **开　　本** / 787×1092　1/32 |
| **字　　数** / 112 千字 |
| **印　　张** / 7.75 |

ISBN 978-7-5426-6706-9/K · 534

定　价：36.80元